Die Deutsc…

Die Schild… Doktor Faustus

Gustav Schwab

Alpha Editions

This edition published in 2022

ISBN : 9789356781009

Design and Setting By
Alpha Editions
www.alphaedis.com
Email - info@alphaedis.com

Die Schildbürger

In dem großmächtigen Königreich Utopien, hinter Kalekutta, liegt ein Dorf oder Bauernstädtchen, Schilda genannt, von welchem mit allem Fug das alte Sprichwort gerühmt werden konnte:

Wie die Eltern geartet sind,So sind gemeiniglich die Kind'.

Denn auch die Schildbürger waren in ihrer Voreltern Fußstapfen getreten und darin verharrt, wenn sie nicht die Not, der kein Gesetz vorgeschrieben ist, oder die Förderung des lieben Vaterlandes nötigte, einen andern Weg zu treten.

Der erste Schildbürger war ein hochweiser und verständiger Mann, und es ist wohl zu erachten, daß er seine Kinder nicht wie die unvernünftigen Tiere herumlaufen ließ. Ohne Zweifel war er ein strenger Vater, der ihnen nichts Arges nachsah; vielmehr unterwies er sie als ein getreuer Lehrer, und sie wurden mit allen Tugenden aufs höchste geziert, ja überschüttet, so daß ihnen in der ganzen weiten Welt niemand vorzusetzen oder auch nur zu vergleichen war. Denn zu derselben Zeit waren die weisen Leute noch gar dünne gesäet, und war es ein seltenes Ding, wenn einer derselben sich hervortat. Sie waren gar nicht so gewöhnlich, wie sie jetzt unter uns sind, wo ein jeder Narr für weise gehalten werden will. Deswegen verbreitete sich der Ruhm von ihrem hohen Verstand und ihrer seltenen Weisheit über alle Lande und ward Fürsten und Herren bekannt; wie sich denn ein so herrliches Licht nicht leicht verbergen läßt, sondern, wo es sich finden mag, seine Strahlen von sich wirft.

So kam es oft, daß aus ferne gelegenen Orten von Kaisern und Königen Botschaften an sie abgefertigt wurden, um sich in zweifelhaften Sachen Rats zu erholen, der immer überflüssig bei ihnen zu finden war, da sie voll von Weisheit steckten. Auch fand man immer, daß die treuen Ratschläge, die sie gaben, nicht ohne besonderen Nutzen abgegangen. Dadurch schufen sie sich in der ganzen Welt einen großen Namen und wurden mit viel Silber, Gold, Edelstein und anderen Kleinodien begabt, weil Geistesgaben damals viel höher geschätzt wurden als in dieser Zeit. Endlich kam es gar so weit, daß Fürsten und Herren, die ihrer keineswegs entbehren konnten, es viel zu weitläufig fanden, Botschaften zu ihnen zu schicken, sondern jeder begehrte einen der Schildbürger in Person bei sich am Hofe und an seiner Tafel zu haben, damit er sich desselben täglich in allen Vorkommenheiten bedienen und aus seinen Reden, als aus einem unerschöpflichen Brunnen des frischesten Wassers, Weisheit schöpfen und lernen könnte.

Daher wurde täglich aus der Zahl der Schildbürger jetzt einer, bald wieder einer, beschickt und in entlegene Länder von Hause abgefordert. In kurzem kam es dahin, daß fast keiner mehr in der Heimat blieb, sondern alle von Hause abwesend waren. Darum sahen sich die Weiber genötigt, der Männer Stelle zu vertreten und alles zu versehen, das Vieh, den Feldbau und was sonst einem Manne zusteht; jedoch behauptet man, sie hätten dieses nicht ungerne getan. Wie es aber noch heutigentags zu gehen pflegt, daß Weiberarbeit und Weibergewinn gegen das, was Männer erwerben, soviel sie sich bemühen, dennoch sehr gering ist, so ging es auch zu Schilda. Darunter ist freilich nur Männerarbeit zu verstehen. Im übrigen ist die eigentümliche Arbeit der Männer und der Weiber wohl unterschieden; wie denn alle Männer nicht könnten ein einziges Kindlein, wie klein es wäre, zur Welt bringen, sie wollten es denn ausbrüten, wie jener Narr den Käse voll Milben, aus welchem er Kälber aushecken zu können hoffte. So wie man im Gegenteile viel Weiber haben müßte, wenn man die feste Stadt Wien in Österreich (welche der Gott der Christenheit lange Zeit in seinen Schutz nehmen möge) oder die namhafte Stadt Straßburg mit Gewalt gewinnen wollte.

So fingen zu Schilda aus Mangel an Bebauung die Güter des Feldes an abzunehmen, denn die Fußtritte des Herrn, die den Acker allein gehörig düngen, wurden nicht darauf gespürt. Das Vieh, das sonst durch des Herren Auge fett wird, wurde mager, verwildert und unnütz; alle Werkzeuge und Geschirre wurden schadhaft, nichts verbessert und zurechte gemacht; und, was das ärgste war, Kinder, Knechte und Mägde wurden ungehorsam und wollten nichts Rechtes mehr leisten. Sie beredeten sich selbst, weil ihre Herren und Meister nicht einheimisch seien und man doch Herren und Meister brauche, so stände es wohl ihnen selbst zu, Meister zu sein. Kurzum, während die frommen Schildbürger jedermann zu dienen begehrten und richtig machen wollten, was irgendwo in der Welt unrichtig war, nicht um des lieben Geldes willen und aus Geiz, sondern der allgemeinen Wohlfahrt wegen, so gerieten sie dadurch in verderblichen Schaden, und es ging ihnen gerade wie dem, der zwei Leute, die sich prügeln, scheiden will; zuletzt ist er es, der alle Schläge davonträgt.

Weil denn das Weib nicht ohne den Mann, und dieser nicht ohne jenes bestehen kann, so trat zu Schilda die ganze weibliche Gemeinde, die indessen das Regiment führen und der Männer Amt verwalten mußte, zusammen, um das gemeine Beste zu bedenken und dem drohenden Verderben zu steuern. Nach langem Geschnatter und Gerede wurden endlich die Frauen einig, daß sie ihre Männer abfordern und heimrufen wollten. Um dieses ins Werk zu richten, ließen sie einen Brief aufsetzen und durch eigene Boten nach allen Orten und Enden abschicken, wo sie wußten, daß ihre Männer sich aufhielten. Der Brief lautete folgendermaßen:

»Wir, die ganze weibliche Gemeinde zu Schilda, entbieten euch, unsern getreuen, herzliebsten Ehemännern samt und sonders unsern Gruß und fügen euch zu wissen: Da, Gott sei Dank, unser ganzer Stamm mit Weisheit und Verstand so hoch begabt und vor andern gesegnet ist, daß auch ferne gelegene Fürsten und Herren solche zu hören und zu allen Geschäften zu gebrauchen eine besondere Lust haben, auch deswegen euch alle zu sich von Haus und Hofe, von Weib und Kindern abfordern, und so lange Zeit bei sich behalten, daß zu besorgen ist, sie möchten euch irgend mit Gaben und Verheißungen ganz und gar anfesseln und verstricken: so sind wir darum in großen Sorgen. Unseren Sachen zu Hause ist dabei weder geraten noch geholfen; das Feld verdirbt, das Vieh verwildert, das Gesinde wird ungehorsam, und die Kinder, die wir armen Mütter gemeiniglich mehr lieben als gut ist, geraten in Mutwillen, andern vielen Unwesens zu geschweigen. In Betracht dieser Ursachen können wir nicht unterlassen, euch hiermit an Amt und Beruf zu erinnern und zur Heimkehr aufzufordern. Bedenket, wie so lange Zeit wir von euch verlassen gewesen; denket an die Kinder, euer Fleisch und Blut, welche nun allbereits zu fragen anfangen, wo doch ihre Väter seien. Welchen Dank meinet ihr, werden sie euch sagen, wenn sie nun erwachsen sind und von uns vernehmen, daß sie ohne Trost und Hilfe von euch verlassen worden und dem Untergange preisgegeben sind? Und vermeint ihr, der Fürsten und Herren Gunst gegen euch werde allezeit beständig sein? Die alten Hunde, wenn sie sich mit Jagen abgearbeitet und ausgedient haben, so daß sie mit ihren stumpfen Zähnen die Hasen nicht mehr packen können, pflegt der Jäger an den nächsten besten Baum aufzuhängen und belohnt so ihre getreuen Dienste. Wieviel löblicher und nützlicher wäre es daher, wenn ihr daheim und zu Hause, eure eigenen Händel auswartend, in guter Freiheit und Ruhe leben und euch mit Weib und Kind, Freunden und Verwandten erfreuen wolltet. Auch könnet ihr fremden Leuten dienen und doch in der Heimat bleiben. Wer euer bedarf, der wird euch wohl suchen und finden, oder es tut ihm nicht sonderlich not. Solches alles, liebe Männer, werdet ihr viel besser erwägen, als wir schreiben können. Deswegen hoffen wir, daß ihr euch unverzüglich aufmachen und umkehren werdet, wenn ihr nicht bald fremde Vögel in eurem eigenen Neste sehen wollet und hören, daß sie zu euch sprechen: Vor der Tür ist draußen! Darum seid vor Schaden gewarnt. Beschlossen und gegeben zu Schilda, mit eurem eigenen Siegel, das eurer wartet.«

Sobald den Männern dieses Schreiben eingehändigt worden und sie den Inhalt eingesehen, wurde ihr Herz gerührt, und sie fanden es höchst notwendig, sogleich heimzukehren. Sie nahmen daher von ihren Herren gnädigen Urlaub und kamen nach Hause. Hier trafen sie eine solche Verwirrung in allen Sachen, daß sie, so weise sie waren, sich nicht genug verwundern konnten, wie in der kurzen Zeit ihrer Abwesenheit so vieles sich hatte verkehren können. Aber freilich, Rom, das in so vielen Jahren mit Mühe gebauet worden ist, kann an einem Tage gebrochen und zerstört werden! Die Weiber der Schildbürger wurden über die Zurückkunft ihrer Männer sehr froh; doch empfing nicht jede ihren Mann gleich, wie sie denn gar verschiedener Komplexion waren. Die einen nahmen ihre Männer ganz freundlich und liebevoll auf, wie eine ehrliche Frau billig tun soll, vermöge der Tugenden, mit welchen das weibliche Geschlecht absonderlich geziert ist; andere aber fuhren die ihrigen mit rauhen und zweigespitzten Worten an und hießen sie in alles Bösen Namen willkommen; wie dies denn auch in unsern Tagen viele Weiber gegen die Natur im Brauche haben; so daß diesen Männern besser gewesen, sie wären mit dem Vieh hereingekommen und heimlich in die Ställe geschlüpft. Im übrigen waren sie allzumal fröhlich und begingen ein Freudenfest; dann aber setzten sie ihren Männern auseinander, wie notwendig es war, daß sie wieder heimgekommen, und baten sie, das Versäumte hereinzubringen und fernerhin des Hauswesens und Gewerbes besser wahrzunehmen, welches die Männer ihnen auch bei Treu und Ehren zusagten.

Auf dieses traten die Schildbürger zusammen, einen Rat zu fassen, was zu tun wäre, daß sie von ausländischen Herren nicht mehr, wie bisher, geplagt und abgefordert würden. Weil es aber spät am Tage und der Handel wichtig war, so ließen sie es für heute bei einer guten Mahlzeit bewenden, bei der sie sich mit weisen Reden, die süßer als Honig und schöner als Gold und Silber sind, aber auch mit Speise und Trank nach Notdurft, als vernünftige Leute, genugsam ergötzt hatten.

Am folgenden Tage verfügten sich meine Herren, Rat zu halten, unter die Linde. Denn dort pflegten sie sich von alters her zu versammeln, solang es Sommer war. Winters über war das Rathaus der Versammlungssaal, und der Richterstuhl stand hinter dem Ofen. Als sie nun zuvörderst den großen Schaden, der ihrem Hauswesen erwachsen war, erwogen und mit dem Nutzen verglichen, der ihnen aus dem Dienste bei den fremden Herren erwuchs, so fanden sie, daß der Nutzen den Schaden bei weitem nicht ersetzen konnte. Es wurde daher eine Umfrage getan, wie doch den Sachen zu helfen wäre. Da hätte einer sollen die weisen und hochverständigen Ratschläge hören, die so gar vernünftig vorgebracht wurden! Einige meinten, man sollte sich der auswärtigen Herren gar nicht mehr annehmen; andere, man sollte sie nicht ganz abtun, sondern nur ihnen so kalte Ratschläge geben, daß sie von selbst abständen und die Schildbürger unbekümmert ließen. Zuletzt trat ein alter Schildbürger auf und brachte sein Bedenken vor, dieses Inhalts: Da doch ihrer aller hohe Weisheit und großer Verstand die einzige Ursache sei, warum sie von Hause abgefordert und da- und dorthin beschickt würden, so dünke ihm das beste zu sein, wenn sie sich durch Torheit und Aberwitz vor künftiger Zudringlichkeit beschirmten. Wie man sie früher ihrer Klugheit wegen in fremde Lande berufen hätte, so würde man sie jetzt ihrer Dummheit halber zu Hause lassen. Deswegen sei er der Meinung, daß sie alle einhellig, niemand ausgeschlossen, Weiber und Kinder, Junge und Alte, die abenteuerlichsten und seltsamsten Sachen anfangen sollten, die nur zu ersinnen wären; ja was jedem Närrisches in den Sinn käme, das sollte er tun. Dazu brauche man aber gerade die Weisesten und Geschicktesten; denn es sei keine geringe Kunst, Narrenamt recht zu verwesen. Wenn nämlich einer die rechten Griffe nicht wisse, und es ihm so mißlinge, daß er gar zum Toren werde, der bleibe sein Leben lang ein Narr; wie der Kuckuck seinen Gesang, die Glocke ihren Klang, der Krebs seinen Gang behält.

Dieses Bedenken wurde von allen Schildbürgern mit dem höchsten Ernst erwogen und, weil der Handel gar schwer und wichtig war, noch manche Umfrage darüber getan. Am Ende beschlossen sie, daß eben jene Meinung in allen Punkten aufs genaueste aufzusetzen und dann ins Werk zu richten sei. Hiermit ging die Gemeinde auseinander mit der Abrede, daß jeder sich besinnen sollte, bei welchem Zipfel die neue Narrenkappe anzufassen wäre. Freilich hatte gar mancher ein heimliches Bedauern, daß er, nachdem er so viele Jahre voll Weisheit gewesen, jetzt erst in seinen alten Tagen ein Narr werden sollte. Denn die Narren selbst können es am wenigsten vertragen, daß ihnen ihre Torheit, über der es ihnen selbst ekelt, durch einen Narren vorgeworfen werde.

Jedoch, um des gemeinen Nutzens willen, für den jeder ja selbst sein Leben mit Lust aufopfern soll, waren sie allzumal willig, sich ihrer Weisheit zu begeben: und damit hat in unserer Geschichte die Weisheit der Schildbürger ein Ende.

Da sie nun forthin ein anderes Regiment, anderes Wesen und Leben anzunehmen und zu bestellen entschlossen waren, so sollte zu einem recht glückhaften Anfange zuerst ein neues Rathaus auf gemeinschaftliche Kosten erbaut werden, ein solches, das auch Raum für ihre Narrheit hätte und dieselbe wohl ertragen und leiden könnte. Da sie sich nun ihrer Weisheit noch nicht ganz verziehen hatten, und sie nicht mit ihrer Narrheit auf *einen* Stoß hervorbrechen wollten, weil dadurch leicht verraten worden wäre, daß ihre Torheit nur eine angelegte sei: so beschlossen sie, fein gemächlich zu Werke zu gehen. Doch schien ihnen der Bau eines neuen Rathauses immerhin das Dringlichste zu sein. Sie nahmen sich dabei ihren eigenen Pfaffen zum Exempel. Dieser war so eifrig, daß er, so oft er läuten hörte, allezeit meinte, er müßte mit seiner Postille auf die Kanzel rumpeln. Deswegen begehrte er, als er zuerst von den Schildbürgern angenommen wurde, daß sie ihm, noch ehe er predigte, eine neue Kanzel von guten, starken eichenen Brettern, mit Eisen wohlbeschlagen, machen lassen sollten, die seine gewichtigen Worte, so er jederzeit vorbringen wolle, auch recht dulden könne. Ebenso nun dachten die Schildbürger vor allen Dingen an ein geduldiges Rathaus.

Und wie nun alles verabredet war, was zu einem so wichtigen Werke notwendig erfordert wird, fand sich's, daß nichts mehr mangelte, als ein Pfeifer oder Geiger, der mit seinem lieblichen Sang und Klang, wie ein Orpheus oder Amphion, Holz und Steine herbeigeholt hätte, um sie in feiner Ordnung zu diesem Bau aufeinanderzulegen. Da aber ein solcher nirgends zu finden war, so vereinigten sie sich, gemeinschaftlich das Werk anzugreifen, jeder dem andern zu helfen und nicht eher aufzuhören, als bis der ganze Bau aufgeführt und vollendet wäre. Offenbar waren die Schildbürger, deren Weisheit nur allmählich, wie ein Licht, ausgehen sollte, noch viel zu weitsichtig, da sie wußten, daß man zuvor Bauholz und andere Sachen mehr haben müsse, ehe man mit bauen anfangen könne. Denn rechte Narren würden wohl ohne Holz, Stein und Kalk zu bauen sich unterstanden haben. Deswegen zogen sie samt und sonders einmütig miteinander ins Holz, das jenseits des Berges in einem Tale gelegen war, und fingen an, nach dem Rate ihres Baumeisters das Bauholz zu fällen. Als es von den Ästen gesäubert und ordentlich zugerichtet war, da wünschten sie nichts anderes zu haben, als eine Armbrust, auf der sie es heimschießen könnten; durch solches Mittel, meinten sie, würden sie unsäglicher Mühe und Arbeit überhoben sein. So aber mußten sie die Arbeit selbst verrichten, und schleppten die Bauhölzer nicht ohne viel Schnaufen und Atemholen den Berg hinauf und jenseits wieder mit vieler Mühe hinab; alle bis auf eines, das nach ihrer Ansicht das letzte war. Dieses fesselten sie gleich den andern auch an, brachten es mit Heben, Schieben und Stoßen vor und hinter sich, rechts und links den Berg hinauf, und auf der andern Seite zur Hälfte hinab. Sei es nun aber, daß sie es übersehen hatten, oder daß Stricke und Seile zu schwach waren: kurz, das Holz entging ihnen und fing an, von selbst fein allgemach den Berg hinabzurollen, bis es zu den andern Hölzern kam, wo es wie ein anderer Stock stille liegen blieb. Solchem Verstande dieses groben Holzes sahen die Schildbürger bis zu Ende zu und verwunderten sich höchlich darüber. »Sind wir doch alle«, sprach endlich einer unter ihnen, »rechte Narren, daß wir uns solche Mühe gegeben, bis wir die Bäume den Berg hinabgebracht; und erst dieser Klotz mußte uns lehren, daß sie von selbst besser hätten hinuntergehen können!« – »Nun, dem ist Rat zu schaffen,« sagte ein anderer; »wer sie hinabgetan hat, der soll sie auch wieder hinauftun! Darum, wer mit mir dran ist, spute sich! Wenn wir erst die Hölzer wieder hinaufgeschoben, so können wir sie alle miteinander wieder hinunterrollen lassen; dann haben wir mit Zusehen unsere Lust und werden für unsere Mühe ergötzt.«

Dieser Rat gefiel allen Schildbürgern über die Maßen wohl; sie schämten sich einer vor dem andern, daß er nicht selbst so witzig gewesen, und wenn sie zuvor, als sie das Holz den Berg hinabgebracht, unsägliche Mühe gehabt hatten, so hatten sie jetzt gewiß dreifache Arbeit, bis sie dasselbe wieder hinaufbrachten. Nur das eine Holz, das von selbst die Hälfte des Berges hinabgerollt war, zogen sie nicht wieder hinauf, um seiner Klugheit willen. Nachdem sie sich so überschafft hatten, und alle Hölzer wieder oben waren, ließen sie dieselben allmählich, eins nach dem andern, den Berg hinabtaumeln, standen droben und ließen sich den Anblick wohl gefallen. Ja, sie waren ganz stolz auf die erste Probe ihrer Narrheit, zogen fröhlich heim und saßen ins Wirtshaus, wo sie kein kleines Loch in den Beutel der Stadt hinein zehrten.

Das Bauholz war gefügt und gezimmert, Stein, Sand, Kalk herbeigeschafft, und so fingen die Schildbürger einmütig ihren Bau mit solchem Eifer an, daß, wer nur immer zusah, gestehen mußte, es sei ihr bitterer Ernst gewesen. In wenig Tagen hatten sie die drei Hauptmauern von Grund aus aufgeführt; denn weil sie etwas Besonderes haben wollten, so sollte das Haus dreieckig werden. Auch aller Einbau ward wohl vollendet, doch ließen sie nebenzu an einer Seite ein großes Tor in der Mauer offen, um, wie sie dachten, das Heu, das der Gemeinde zuständig wäre, und dessen Erlös sie miteinander vertrinken durften, hineinzubringen. Dies Tor kam denn auch – woran sie nicht gedacht – ihrem Herrn Schultheißen wohl zustatten, sonst hätte dieser, samt Gerichts- und Ratsherrn, wenn sie in den Rat gehen wollten, über das Dach hineinsteigen müssen, was zwar wohl ihrer Narrheit ganz angemessen, aber doch allzu unbequem und dazu halsbrechend gewesen wäre.

Hierauf machten sie sich an das Dach. Dieses wurde nach den drei Ecken des Baues dreifach abgeteilt, der Dachstuhl auf die Mauern gesetzt und so das ganze Werk, nach ihrer Meinung, bis auf den Giebel untadelig hinausgeführt. Das Dach zu decken verschoben sie auf den folgenden Tag und eilten dem Hause zu, wo der Wirt den Reif aufgesteckt. Am andern Morgen wurde mit der Glocke das Zeichen gegeben, vor welchem bei Strafe niemand arbeiten durfte. Da strömten alle Schildbürger zusammen, stiegen auf den Dachstuhl und fingen an, ihr Rathaus zu decken. So standen sie alle hintereinander, die einen zu oberst auf dem Dache, die andern unten, wo sie an den Latten besserten; etliche noch auf der Leiter, wieder andere auf der Erde, zunächst der Leiter, und so fort bis zu dem Ziegelhaufen, der einen guten Steinwurf vom Rathause entfernt war. Auf diese Weise ging jeder Ziegel durch aller Schildbürger Hände, vom ersten, der ihn aufhob, bis auf den letzten, der ihn auf seine Statt legte, daß ein Dach daraus würde. Wie man aber willige Rosse nicht übertreiben soll, so hatten sie die Anordnung gemacht, daß zu einer gewissen Stunde die Glocke geläutet würde, zum Zeichen des Ausruhens. Sowie nun derjenige, der zunächst am Ziegelhaufen war, den ersten Streich der Glocke hörte, ließ er den Ziegel, den er eben aufgehoben hatte, fallen und lief dem Wirtshause zu. So geschah es, daß diejenigen, die zuletzt ans Werk gekommen waren, die ersten im Wirtshause und die obersten hinter dem Tische wurden. Dasselbe taten auch die Zimmerleute. Sowie ihrer einer den ersten Glockenstreich gehört, ließ er die Axt, die er schon zum Streich aufgehoben, fallen und lief dem Trunke zu, welches alles zur Narrheit der Schildbürger vortrefflich paßte.

Endlich, nach vollendetem Werke, wollten sie in ihr Rathaus gehen, um dasselbe zu aller Narren Ehre einzuweihen und in aller Narren Namen zu versuchen, wie es sich darin raten lasse. Kaum aber waren sie in Ehrbarkeit hineingetreten – siehe, da war es ganz finster, so finster, daß einer den andern kaum hören, geschweige denn sehen konnte. Darüber erschraken sie nicht wenig und konnten sich nicht genugsam verwundern, was doch die Ursache sein möchte; ob vielleicht irgendwo ein Fehler beim Bauen gemacht worden, wodurch das Licht aufgehalten würde. So gingen sie denn zu ihrem Heutor wieder hinaus, um zu sehen, wo sich der Mangel befinde. Da standen alle drei Mauern gar vollkommen da; das Dach saß ordentlich darauf; auch an Licht mangelte es draußen nicht. Sobald sie aber wieder hereinkamen, zu forschen, ob der Fehler drinnen liege, da war es wieder finster wie zuvor. Die wahre Ursache aber war, daß sie die Fenster an ihrem Rathause vergessen hatten; die konnten sie nicht finden noch erraten, so sehr sie sich auch ihre närrischen Köpfe darob zerbrachen.

Als der festgesetzte Ratstag gekommen, stellten sich die Schildbürger zahlreich ein, denn es hatte allen gegolten, und nahmen ihre Plätze ein. Einer von ihnen hatte einen brennenden Lichtspan mitgebracht und ihn, nachdem sie sich niedergesetzt, auf seinen Hut gesteckt, damit sie in dem finstern Rathaus einander sehen könnten, auch der Schultheiß bei der Umfrage einem jeden seinen Titel und Namen zu geben imstande wäre. Hier ließen sich nun über den vorgefallenen Handel gar widersprechende Meinungen vernehmen. Die Mehrheit schien sich dahin zu neigen, daß man den ganzen Bau wieder bis auf den Boden abbrechen und aufs neue aufführen sollte: da trat einer hervor, der, wie er früher unter allen der allerweiseste gewesen, so jetzt sich als den allertörichtesten zeigen wollte, und sprach: er habe, solange seine Weisheit gewährt, manchmal vernommen, daß man durch Beispiel vieles klarer machen könne; solchem nach wolle auch er den Schildbürgern eine schöne Geschichte erzählen: »Meiner Großmutter Großvaters Bruders Sohn«, hub er darauf an, »hörte eines Tages einen sagen: Ei, wie sind die

Rebhühner so gut! – Hast du denn schon welche gegessen, fragte meiner Großmutter Großvaters Bruders Sohn, daß du es so gut weißest? Nein, sagte der andere, aber es hat mir's einer vor fünfzig Jahren gesagt, dessen Großmutter Großvater sie in seiner Jugend von einem Edelmann hatte essen sehen. Über diese Rede bekam meiner Großmutter Großvaters Bruders Sohn ein Kindbetterin-Gelüste, daß er gern etwas Gutes essen möchte, und sagte deswegen zu seinem Weib, sie solle ihm Küchlein backen, denn Rebhühner könne er doch nicht haben. Sie aber, die besser wußte als er, was der Butterhafen vermöge, entschuldigte sich, sie könne ihm diesmal keine Küchlein backen, weil ihr die Butter oder das Schmalz ausgegangen. Sie bat ihn deshalb, er möchte mit den Küchlein bis auf eine andere Zeit sich gedulden. Damit hatte aber meiner Großmutter Großvaters Bruders Sohn keine Küchlein gegessen und sein Gelüste nicht gebüßt. Er wollte sich mit einem so trockenen Bescheide ohne Salz und Schmalz nicht abweisen lassen und bestand darauf, die Frau sollte ihm Küchlein backen, und hätte sie nicht Butter oder Schmalz, so sollte sie es mit Wasser versuchen. Es tut's nicht, sagte die Frau, sonst wär' ich selbst nicht so lang ohne Küchlein geblieben, weil ich mich das Wasser nicht hätte dauern lassen. Er aber sprach: du weißt es nicht, weil du es noch nie probiert hast. Versuch es einmal, und erst, wenn es nicht geraten will, kannst du sagen, es tu' es nicht. Wollte die Frau Ruhe haben und zufrieden sein, so mußte sie dem Mann willfahren; sie rührte also einen Kuchenteig an, ganz dünn, als wollte sie Sträublein backen, setzte eine Pfanne Wasser über das Feuer, und nun mit dem Teig darein. Der Teig zerfloß im Wasser, und es wurde ein Brei daraus, darüber die Frau zornig, der Mann leidig ward. Denn jene sah Arbeit, Holz und Mehl verloren; meiner Großmutter Großvaters (seligen) Bruders Sohn aber stand dabei, hielt den Teller hin und wollte die erstgebackenen Küchlein, so warm sie aus der Pfanne kamen, essen, ward aber betrogen. Seine Frau verwünschte das Kuchenbacken mit Wasser; er jedoch sagte langmütig: ›Laß dich's nicht gereuen, man versucht ein Ding auf so viel Weise, bis es zuletzt gelingen muß. Ist es diesmal nicht geraten, so gerät's ein andermal. Es wäre ja doch eine feine, nützliche Kunst gewesen, wenn es von ungefähr geglückt wäre!‹ – ›Ich meine ja wohl, sagte meiner Großmutter Großvaters Bruders Sohns Frau; dann wollt' ich selbst alle Tage Küchlein essen!‹

»Und nun« – so schloß der Schildbürger – »diese Geschichte auf unser Vorhaben zu beziehen: wer weiß, ob das Licht oder der Tag sich nicht in einem Sack tragen läßt, gleichwie das Wasser in einem Eimer getragen wird. Unser keiner hat es jemals versucht; darum, wenn es euch gefällt, so wollen wir drangehen; gerät's, so haben wir's um so besser und werden, als Erfinder dieser Kunst, großes Lob damit erjagen! Geht es aber nicht, so ist es doch zu unserem Vorhaben, der Narrheit halber, ganz willkommen und bequem!«

Dieser Rat gefiel allen Schildbürgern dermaßen, daß sie beschlossen, demselben in aller Eile nachzuleben. Deswegen kamen sie nach Mittag, wo die Sonne am besten scheint, bei ihrem Eide gemahnt, alle vor das neue Rathaus, ein jeder mit einem Geschirr, in das er den Tag zu fassen gedachte, um Ihn hineinzutragen. Einige brachten auch Schaufeln, Kärste, Gabeln mit, aus Fürsorge, daß ja nichts verabsäumt werde.

Sobald nun die Glocke eins geschlagen, da konnte man Wunder sehen, wie sie zu arbeiten anfingen. Viele hatten lange Säcke, derein ließen sie die Sonne scheinen bis auf den Boden; dann knüpften sie den Sack eilends zu und rannten damit in das Rathaus, den Tag auszuschütten. Andere taten dasselbe mit verdeckten Gefäßen, als Hafen, Kesseln, Zubern und was dergleichen ist. Einer lud den Tag mit einer Strohgabel in einen Korb, der andere mit einer Schaufel; etliche gruben ihn aus der Erde hervor. Eines Schildbürgers soll besonders gedacht werden, welcher den Tag in einer Mäusefalle zu fangen gedachte, und ihn so, mit List bezwungen, nach Hause tragen wollte. Jeder verhielt sich, wie es sein Narrenkopf ihm eingab. Und solches trieben sie den langen, lieben Tag, solang als die Sonne schien, mit solchem Eifer, daß sie vor Hitze fast erlechzten und unter der Müdigkeit fast erlagen. Sie richteten aber so wenig damit aus, als vor Zeiten die Riesen, da sie Berge aufeinander türmten, um den Himmel zu erstürmen. Darum sprachen sie zuletzt: »Nun, es wäre doch eine feine Kunst gewesen, wenn es geraten wäre!« Und darauf zogen sie ab und hatten doch so viel gewonnen, daß sie auf gemeine Kosten zum Weine gehen und sich so wieder erquicken und erlaben durften.

Die Schildbürger waren mitten in ihrer Arbeit, als von ungefähr ein fremder Wandersmann durch die Stadt und an ihnen vorüberreiste. Dieser stand lange stille, sah ihnen mit offenem Maule zu und vergaß es wieder zuzumachen; ja, bald wäre er auch zu einem Schildbürger geworden, so sehr zerbrach er sich den Kopf darüber, was denn das bedeuten sollte. Abends in der Herberge, wo er des Wunders willen sich niedergelassen, um das Abenteuer zu erfahren, fragte er nach der Ursache, warum er sie denn so eifrig in der Sonne habe arbeiten sehen, ohne begreifen zu können, was sie täten. Die umstehenden Schildbürger antworteten ihm ohne Bedenken, daß sie versucht hätten, ob sie das Tageslicht in ihr neugebautes Rathaus tragen könnten.

Der fremde Geselle war ein rechter Vogel, genetzt und geschoren, wie es sein sollte, nur daß er weder Federn noch Wolle hatte. Er war nicht gesinnt, den Raub, der sich ihm hier anbot, aus den Händen zu lassen: deswegen fragte er sie ernsthaft, ob sie mit ihrer Arbeit etwas ausgerichtet hätten? Da sie mit Kopfschütteln antworteten, so sagte der Geselle: »Das macht, daß ihr die Sache nicht so angegriffen habt, wie ich euch wohl möchte geraten haben!« Dieser Tagesschimmer von Hoffnung machte die Schildbürger sehr froh, und sie verhießen ihm vonseiten des ganzen Fleckens eine namhafte Belohnung, wenn er ihnen seinen Rat mitteilen wollte. Dem Wirt befahlen sie, ihm tapfer aufzutragen und vorzusetzen, so daß der gute Geselle diese Nacht ihr Gast war und redlich ohne Geld zechte; wie das billig war, da er forthin ihr Baumeister sein sollte.

Am folgenden Tag, als die liebe Sonne den Schildbürgern ihren Schein wieder gönnte, führten sie den fremden Künstler zum Rathaus und besahen es mit allem Fleiße von oben und unten, vorn und hinten, innen und außen. Da heißt sie der Geselle, der indessen mit der Schalkheit Rat gepflogen, das Dach besteigen und die Dachziegel hinwegnehmen, welches auch alsogleich geschah. »Nun habt ihr,« sprach er, »den Tag in eurem Rathause; ihr mögt ihn darin lassen, solang es euch gefällig ist. Wenn er euch beschwerlich wird, so könnet ihr ihn wohl wieder hinausjagen.« Aber die Schildbürger verstanden nicht, daß er damit meinte, sie sollten das Dach nicht wieder daraufdecken, sonst würde es wieder so finster werden, wie zuvor, sondern sie ließen die Sache gut sein, saßen in dem Hause zusammen und hielten den ganzen Sommer über Rat. Der Geselle nahm die Verehrung, zählte das Geld nicht lange, sondern zog hinweg und schaute oft hinter sich, ob ihm niemand nacheile, den Raub wieder von ihm zu nehmen. Er kam auch nie wieder, und noch heutigestages weiß niemand, woher er gewesen und wohin er gekommen; nur dies sagten die Schildbürger von ihm aus, daß sie ihn am Rücken das letztemal gesehen hätten.

Nun hatten sie mit ihrem Rathause solches Glück, daß es den ganzen Sommer über, so oft sie zu Rate saßen, nie regnete. Inzwischen aber begann der liebliche Sommer sein lustiges Antlitz zu verbergen, und der leidige Winter streckte seinen rauhen Schnabel hervor. Da merkten die Schildbürger bald, daß, wie einer unter einem großen Wetterhut, wie die sind, welche junge Lappen gewöhnlich aus fremden Landen mitbringen, sich vor dem Regen sicher stellte, so auch sie sich mit dem Dache, wie einem Hute, gegen Schnee und Ungewitter schirmen müßten. Sie hatten daher nichts eiligeres zu tun, als das Dach mit gemeinschaftlicher Handreichung wieder zu decken. Aber, siehe da, wie das Dach wieder eingedeckt war und sie ins Rathaus gehen wollten, da war es leider wieder ebenso dunkel darin, als es zuvor gewesen war, ehe sie von der Ersparungskunst des Wanderers die Erfindung gelernt hatten, Tag in dem Hause zu machen, ohne ihn hineinzutragen. Und jetzt erst merkten sie, daß er sie häßlich hinter das Licht geführt habe. Sie mußten aber zu der geschehenen Sache das Beste reden, setzten sich wieder mit ihren Lichtspänen auf den Hüten zusammen und hielten geschwind einen Rat darüber, der sich weit in den Tag hineinzog. Endlich kam die Umfrage auch an einen, der sich nicht den Ungeschicktesten dünkte. Dieser stand auf und sagte, er rate eben das, was sein Vater raten werde. Nach diesem weisen Rate trat er aus der Versammlung, sich zu räuspern, wie denn die Bauern oft einen so bösen Husten haben, daß niemand um sie bleiben kann. Wie er nun in der Finsternis (denn sein Lichtspan war ihm erloschen) an der Wand hin und her krabbelte, wird er von ungefähr eines kleinen Risses in der Mauer gewahr. Auf einmal erinnert er sich mit großem Seufzen seiner ersten Weisheit, deren sich alle verziehen hatten; daher tritt er wieder hinein und spricht: »Erlaubet mir ein Wort zu reden, liebe Nachbarn!« Als ihm dies vergönnt wurde, sprach er weiter: »Nun, ich frage euch alle darum, sind wir nicht alle doppeltgebohrte Narren? Wir haben so ängstliche und üble Zeit mit unserem Rathaus, wenden Unkosten an und geraten noch dazu in große Verachtung. Und dennoch ist keiner von uns so gescheit gewesen, daß er gesehen hätte, daß wir in das Haus keine Fenster gemacht haben, durch die das Licht hereinfallen konnte. Das ist doch gar zu grob, zumal im Anfange unserer Torheit; da sollten wir nicht so auf einmal und mit einem Satz hineinplumpen, so daß es auch ein rechter, geborner Narr merken könnte!«

Über diese Rede erschraken und verstummten die andern alle. Sie sahen einander an und schämten sich einer vor dem andern wegen der gar zu plumpen Wahrheit. Ohne die Umfrage abzuwarten, fingen sie darauf miteinander an, aller Orten die Mauern des Rathauses durchzubrechen, und da war kein Schildbürger unter allen, der nicht sein eigenes Fenster hätte haben wollen. Also wurde das Rathaus vollführt, bis auf den Einbau, von welchem sogleich Meldung getan werden soll.

Nachdem ihrem Rathause sein großes Laster abgewöhnt und es endlich sehend geworden war, fingen die Schildbürger an, auch das Eingeweide des Hauses zurechtzumachen und die Gemächer zu verschlagen. Unter anderm machten sie drei abgesonderte Stuben, eine Witzstube, eine Schwitzstube und eine Badestube; diese mußten vor allen Dingen fertiggemacht werden, damit die Schildbürger, wenn sie über wichtige Sachen ratschlagen sollten, nicht behindert würden. Nun, meinten sie, sei das ganze dreieckige Rathaus aufs vortrefflichste fertig gemacht, und weihten es zu aller Narren Ehre feierlich ein.

Inzwischen war der Winter ganz hereingebrochen, und es war kalt geworden. Nun sollten sie an einem Ratstage Gericht halten, und der Kühhirt hatte mit seinem Horn den Ratsherren die Losung gegeben. Da brachte denn jeder, damit das gemeine Wesen nicht beschwert würde, sein eigenes Scheit Holz mit, um die Stube zu wärmen. Aber, als sie sich nach der Heizung umsahen, siehe, da fand sich's, daß sie den Ofen vergessen hatten, ja nicht einmal Raum gelassen, wo man einen hinstellen könnte. Darüber erschraken sie abermals heftig bei sich selbst und schalten sich über ihre Torheit. Als sie nun anfingen, den Handel zu erwägen, da fielen gar mancherlei Meinungen. Einige waren der Ansicht, man sollte ihn hinter die Türe setzen. Da es aber herkömmlich war, daß der Schultheiß den Winter über hinter dem Ofen seinen Sitz haben mußte, so schien es schmählich zu sein, wenn er hinter der Türe säße. Zuletzt riet endlich einer, man sollte den Ofen vors Fenster hinaus setzen, und ihn nur zur Stube hereingucken lassen. Zu Zeiten dann, wenn es not täte, könnte er bei Abzählung der Stimmen auch mit gerechnet werden, denn, riete er schon nicht zur Sache, so sei er doch auch nicht dawider. Dem Schultheiß sollte man den nächsten Ort dabei einräumen. Diesem Rate ward von allen Bänken her einhelliger Beifall zugerufen. Doch sagte ein Alter unter ihnen, welcher schon länger Narr war als die andern: »aber, lieber Freund, die Hitze, die sonst in die Stube gehört, wird zum Ofen hinausgehen! Was hilft uns dann der Ofen?« – »Dafür weiß ich ein Mittel,« rief ein dritter. »Ich habe ein altes Hasengarn, das will ich der Gemeinde zum besten geben. Wir wollen es vor die Ofentüre hängen, daß es die Hitze im Ofen beschließe! Dann haben wir nichts Arges zu besorgen, nicht wahr, lieber Nachbar? Dann wollen wir tüchtig sieden und braten und die Äpfel in der Kachel umkehren!« Dieser Schildbürger wurde wegen seines so weisen Rates hoch gepriesen und ihm mit allen seinen Nachkommen der allernächste Sitz hinter dem Ofen zunächst bei der Äpfelkachel vergönnt.

So schloß der Handel; der Ofen wurde gemacht, und bei einer zweiten Ratswahl das Rathaus aufs neue mit Narren besetzt. Die neuen Ratsherrn berieten sich vornehmlich darüber, wie man einen Vorrat hinterlegen könnte, dessen man sich bedienen dürfte, wenn einmal eine Teuerung einfiele. Besonders aber hörten sie vom Salze, dessen Kauf ihnen, wegen der obwaltenden Kriege, abgeschnitten war, und an dem sie eben darum großen Mangel litten; man riet ihnen, sie sollten es doch so weit bringen, daß sie eigenes Salz hätten, das sie in der Küche so wenig entbehren könnten als den Dünger auf dem Acker. Da faßten sie nach langer Ratschlagung den Beschluß: weil es doch offenbar sei, daß der Zucker, der ja dem Salz ganz ähnlich sehe, erwachse, so müsse wohl daraus folgen, daß das Salz gleichermaßen aus dem Felde hervorwachse; wie denn das Salz so gut Körnlein habe als der Weizen, und man ebensowohl sage: ein Salzkorn, als: ein Weizenkorn; darum beschließe ein wohlweiser Rat, daß man ein großes, der Gemeinde zustehendes Stück Feld umbrechen solle, und darauf in Gottes Namen Salz säen. Es sei kein Zweifel, daß sie dann ihr eigen Salz bekommen würden und nicht andern zu Füßen fallen dürften, um Salz zu erhalten.

Der Acker ward gepflügt und nach dem Beschlusse ihrer Wohlweisen mit Salz besäet. Sie selbst und alle Schildbürger waren in bester Hoffnung und zweifelten nicht, Gott werde seinen Segen im Überfluß zu der Arbeit geben, weil sie ja in seinem Namen gesäet hätten; auch wäre ein solcher Gewinn, als ein Erdwucher, nicht schändlich, sondern von jedermann gebilligt. In diesem Vertrauen stellten sie auch Hüter und Bannwarte auf, die, mit einem langen Vogelrohr in der Hand, die Vögel schießen sollten, wenn sie etwa das ausgesäete Salz wie andern Samen auffressen oder auflecken wollten.

Es währte nicht lange, so fing der Acker an aufs allerschönste zu grünen und die frechsten Kräuter heraufzuschicken. Die Schildbürger hatten eine unsägliche Freude darüber und meinten, diesmal wäre ihnen die Sache wohl geraten. Sie gingen alle Tage hinaus, zu sehen, wie das Salz wüchse: ja, sie beredeten sich selbst, sie hörten das Salz wachsen, wie jener das Gras. Und je mehr es wuchs, desto mehr wuchs in ihnen die Hoffnung, und da war keiner unter ihnen, der nicht im Geiste schon ein ganzes Simri Salz gegessen hätte. Deswegen befahlen sie den Bannwarten, wenn etwa eine Kuh, ein Pferd, ein Schaf oder eine Geiß auf den Salzacker sich verirrte, so sollten sie diese Tiere auf alle Weise und ohne Schonung fortjagen. Dessenungeachtet kam das unvernünftige Vieh auf den wohlbebauten und besäeten Salzacker und fraß nicht nur die herrliche Aussaat von Salz, sondern auch das, was noch hätte wachsen sollen. Der Hüter, der dieses sah, wußte wohl, was ihm auferlegt sei. Aber er verlor den Kopf, denn er war ein Schildbürger, und anstatt das Vieh hinauszutreiben, lief er in die Stadt und meldete das Unheil dem Schultheißen und Rat. Dieser sah auch bald ein, daß dem Bannwart sein Vogelrohr gegen die vierfüßigen Tiere nichts helfen konnte; sie faßten daher, nachdem sie sich lang die Köpfe zerbrochen hatten, den weisen Beschluß: ihrer viere des edeln Rates, vor denen die Tiere sich vielleicht mehr als vor schlechten Leuten scheuen würden, sollten den Bannwart auf eine geflochtene Truhe setzen, ihm eine lange Rute in die Hand geben und ihn so auf dem Salzacker herumtragen, bis er das lose Vieh herausgetrieben hätte. Dies geschah, der Bannwart hielt seinen Umzug, als wäre er der Papst zu Rom, und die vier Ratsherren wußten mit ihren breiten Füßen so subtil einherzugehen, daß durch sie dem kostbaren Acker kein allzu großer Schaden widerfuhr.

Wirklich blühte und zeitigte das Salzkraut nicht anders, als ob es Unkraut gewesen wäre, auf das eher ein fruchtbarer Regen fällt, ehe denn es verdirbt. Wie nun ein ehrlicher Schildbürger über den herrlich grünenden Acker ging, konnte er es nicht lassen, ein weniges von dem edeln Salzkraut auszuraufen und es, bescheiden kostend, an den Mund zu führen. Nun ist es wahr, es bissen ihn die Brennesseln auf die Zunge, daß er hätte schreien mögen; aber eben das machte ihn ausnehmend fröhlich, er rannte, als wäre er ein rechter Narr, vor Schmerz und Freuden aus und ab und schrie mit heller Stimme:

»Es ist Leckerwerk; Leckerwerk ist es!« Darauf lief er recht eilig, damit ihm niemand das Botenbrot abgewänne, nach dem Flecken Schilda und stürmte mit der großen Glocke, damit alle Schildbürger zusammenkämen und die gute Mär vernähmen. Als sie versammelt waren, zeigte er ihnen vor Freude zitternd an, sie sollten fröhlich und guten Mutes sein; das Kraut sei schon so scharf, daß es ihn auf der Zunge gebissen habe; es sei hieraus abzunehmen, daß ein recht gutes Salz daraus werden werde.

Dadurch veranlaßte er die Schildbürger, alle miteinander auf den Acker zu gehen, den Schultheiß an der Spitze. Dieser raufte ein Krautblatt heraus, reckte die Zunge und kostete es; und ihm taten es alle nach, und alle fanden es so, wie der Bote ihnen verkündet hatte. Sie waren sehr froh, und jeder dachte sich in seinem Sinne schon als einen mächtigen Salzherrn. Und als endlich die Zeit der Ernte gekommen war, da kamen sie herbei mit Roß und Wagen, um mit Sicheln das Salz abzuschneiden und heimzuführen. Etliche hatten gar ihre Dreschflegel gerüstet, um es gleich an Ort und Stelle auszudreschen. Als sie aber Hand anlegen und ihr gewachsenes Salz abschneiden wollten, da war es so herb und hitzig, daß es ihnen allen die Hände verbrannte. Dies hatten sie auch, von der großen Kraft des Salzkrautes unterrichtet, wohl überlegt, jedoch es nicht gewagt, sich mit Handschuhen zu versehen, weil der Sommer so gar heiß war, und sie fürchteten, man möchte ihrer spotten. Nun meinten einige, man sollte es abmähen wie das Gras; andere, weil es so gar hitzig wäre, so sollte man es mit der Armbrust niederschießen wie einen tollen Hund. Das letzte gefiel ihnen am allerbesten. Weil sie aber keinen Schützen unter sich hatten und befürchteten, wenn sie nach einem fremden schickten, so möchte ihre Kunst verraten werden, so ließen sie es bleiben. Kurzum, die Schildbürger mußten das edle Salzkraut auf dem Felde stehen lassen, bis sie einen besseren Rat fänden. Und hatten sie zuvor wenig Salz gehabt, so hatten sie jetzt noch weniger, denn was sie nicht verbraucht hatten, das hatten sie ausgesäet. Deswegen litten sie großen Mangel an Salz, zumal am Salze der Weisheit, das bei ihnen ganz dünn geworden war. Daher zerbrachen sie sich auch den Kopf darüber und sannen nach, ob etwa der Acker nicht recht gebaut worden, und hielten viele Ratssitzungen darüber, wie man es ein andermal besser machen könnte.

Nun weiß jedermann, daß vorzeiten die Weisheit der Schildbürger weit und breit durch alle Lande gerühmt war, so daß jedermann etwas davon zu sagen wußte. Doch war dies schon gar lange her. Aber das Gerücht von ihrer Torheit verbreitete sich in kurzer Zeit noch viel weiter, so daß bald niemand auf der ganzen Welt war, der nicht alles gewußt hätte, was sich bei ihnen zugetragen hatte.

So geschah es, daß dem Kaiser des großen Reiches Utopia, als er wegen Reichsgeschäften in diejenige Gegend seines Landes kam, in welcher der Flecken Schilda lag, vieles von den abenteuerlichen Schildbürgern erzählt wurde. Darüber wunderte sich der Kaiser um so mehr, weil er sich früher auch in wichtigen Sachen ihrer Weisheit bedient und sich Rates bei ihnen erholt hatte. Weil er nun doch in jener Gegend verziehen mußte, bis sich die Stände des Reiches, die er dorthin beschieden, versammelt hätten, so verlangte ihn, einen persönlichen Besuch in Schilda zu machen, um mit eigenen Augen zu sehen, wie es sich mit der Torheit seiner dortigen Untertanen verhielte. Er fertigte daher einen Gesandten ab, um ihnen seine Ankunft zu verkündigen, damit sie ihre Zurüstungen treffen könnten. Dabei ließ er ihnen anzeigen, daß er sie bei allen ihren althergebrachten Privilegien und Freiheiten schirmen, auch mit weiteren begnaden wolle, unter der Bedingung, daß sie ihm auf die erste Rede, die er an sie richten werde, so antworten könnten, daß sein Gruß und ihre Antwort sich *reime*.

Die armen Schildbürger erschraken über dieser Botschaft wie eine Katze, wenn sie sich unversehens vor dem Kürschner, oder eine Ziege, wenn sie sich vor einem Schneider findet. Obwohl sie nur Bauersleute waren, welche, wie man meint, das Recht haben, einfältig zu sein, so fürchteten sie doch, der Kaiser – der mit seinen Augen, obschon sie nicht größer sind als anderer Leute Augen, doch viel weiter sehe und mit seinen Händen länger reiche – möchte merken, daß ihre Narrheit nur eine angelegte sei, und sie selbst möchten nicht nur seine allerhöchste Ungnade erfahren müssen, sondern vielleicht gar gezwungen werden, wieder witzig und verständig zu sein. Denn es ist freilich nicht ein Geringes, sich selbst zum Narren zu machen und seinen Verstand mutwillig dem allgemeinen Nutzen zu entziehen. Man sollte wenigstens warten, bis man entweder von selbst ein Narr oder durch andere zu einem Narren gezimmert wird. Dann kann man sich mit gutem Gewissen einen Narren schelten lassen von jedermann, und wäre dieser auch gleich ein zehnmal größerer Narr. Die Schildbürger nun suchten in solchem Schrecken bei ihrer alten, hinterlegten Weisheit Rat und Hilfe. Sie ordneten alles, was in Stall und Küche notwendig war, aufs fleißigste, um den Kaiser so stattlich als möglich in ihrem Dorfe zu empfangen. Unglücklicherweise aber hatten sie damals gerade keinen Schultheißen, denn der im Anfang ihrer Torheit gewählte war, aus Kummer über seine aufgegebene Kunst und Weisheit, zu einem rechten, völligen Narren und daher zu seinem Amte unbrauchbar geworden. Nachdem sie sich nun lange über eine neue Wahl beraten, kamen sie endlich darin überein, weil sie ja dem Kaiser auf seine ersten Worte in Reimen antworten müßten, so sei es wohl am besten, daß derjenige Schultheiß werde, der auf den folgenden Tag den besten Reim hervorbringen könnte. Darüber wollten sie die Nacht schlafen. Nun zerbrachen sich die weisen Herren die ganze Nacht den Kopf, denn da war keiner von allen, der nicht gedacht hätte, Schultheiß zu werden. Aber am unruhigsten schlief derjenige Schildbürger, der bisher einer andern Gemeinde vorgestanden, das heißt, der die Schweine gehütet hatte. Er warf sich so wild hin und her, daß seine Frau endlich erwachte und ihn fragte, was ihm fehle. Der Schweinehirt aber wollte nicht aus dem Rate schwatzen, und nur mit vieler Mühe konnte ihn sein Weib bewegen, ihr zu sagen, was sich Wichtiges begeben habe. Als er ihr aber endlich anvertraut, womit die Schildbürger umgingen, da wäre des Schweinehirten Frau ebenso gern Schultheißin gewesen als der Schweinehirt Schultheiß. »Kümmere dich über diesen Handel nicht, lieber Mann,« sagte sie. »Was willst du mir geben, wenn ich dich einen Reim lehre, daß du Schultheiß werdest?« – »Wenn du das kannst,« sprach der Schweinehirt vergnügt, »so will ich dir einen schönen neuen Pelz kaufen.« Damit war die Frau sehr zufrieden, besann sich eine kleine Weile und fing an, ihm folgenden Reim vorzusprechen:

Ihr lieben Herrn, ich tret' herein,Mein feines Weib, die heißt Kathrein,Ist schöner als mein schönstes Schwein,Und trinkt gern guten, kühlen Wein.

Diesen Reim sprach die Schildbürgerin, die sich nicht wenig auf ihre Dichtkunst zugute tat, ihrem Hauswirt neunundneunzigmal vor und er ebenso oft ihr nach, bis er ihn ganz gekaut und verschluckt zu haben meinte. Aber auch die andern Schildbürger hatten nicht gerastet, vielmehr hatten alle vom eifrigen Reimen größere Köpfe gekriegt, und da war ihrer keiner, der nicht die ganze Nacht über Schultheiß gewesen wäre.

Als nun der angesetzte Tag erschien, an welchem ein weiser Rat zusammentrat, um zur Wahl eines Schultheißen zu schreiten, da hätte man Wunder hören können, welch zierliche, wohlgeschlossene Reime von ihnen vorgebracht wurden. Freilich war es schade, daß die edlen Ratsherren samt und sonders, in langer Ausübung ihrer verstellten Narrheit, zu einem so schwachen Gedächtnisse gekommen waren, daß ihnen allemal das rechte Schlagwort des Reimes beim Hersagen ausging, so daß zum Beispiel der fünfte (denn der ersten vier vortreffliche Reime sind verlorengegangen) seinen Reim also vorbrachte:

Ich heiße Meister HildebrandUnd lehne mein'n Spieß an die – Mau'r.

worüber denn jedesmal die andern alle lachten, jeder, bis das Reimen an ihn selber kam. Der Schweinehirt stand weit hinten, und wegen seines niedrigen Standes kam die Reihe unter den letzten an ihn. Er war in tausend Ängsten, denn er fürchtete immer, es möchte ein anderer seinen Reim vorbringen und dadurch Schultheiß werden. Und so oft ein anderer nur ein einziges

Wörtchen sagte, das auch in seinem Reime vorkam, so erschrak er, daß ihm das Herz hätte mögen entfallen. Da nun die Ordnung endlich auch an ihn kam, stand er auf und sprach mit kühner Stimme:

Ihr lieben Herrn, ich tret' – hieher,Mein feines Weib, das heißt Kathrein,Ist schöner als mein schönstes – Ferk'l,Und trinkt gern guten, kühlen – Most!

»Das ist einmal ein Reim!« riefen die Ratsherren von Schilda einmütig und verwundert; »das lautet wie etwas! Das möcht's heben und ausrichten!« Und bei der Umfrage fiel die Wahl einhellig auf den Schweinehirten, denn sie waren fest überzeugt, er würde dem Kaiser wohl reimweise antworten können und ihm würdige Gesellschaft leisten. So war der Schweinehirt von Schilda über Nacht Schultheiß geworden.

Diese Ehre und Würde tat dem Hüter der Schweine so wohl, daß er alsbald beschloß, seinen Hirtenschweiß und Staub abzuwaschen und in die Nachbarschaft ins Bad zu gehen, denn zu Schilda war kein Bad. Unterwegs begegnete ihm ein anderer, der vor Jahren mit ihm Schweine gehütet, und begrüßte ihn als alten Mithirten und Gesellen mit einem freundlichen Du. Jener aber verbat sich dieses feierlich und fügte hinzu: »Wisse, daß wir nicht mehr sind, der wir zuvor waren; wir sind jetzt unser Herr, der Schultheiß zu Schilda!« Da wünschte ihm der andere Glück zu seinem neuen Amte bei dem ungezogenen Volk der Schildbürger und ließ ihn ziehen.

Also zog unser Herr, der Schultheiß, fort und kam in das Bad. Hier stellte er sich gar weise, saß in schweren, tiefen Gedanken, zählte von Zeit zu Zeit seine Finger ab, so daß alle, die ihn zuvor kannten, sich über diese Veränderung verwunderten und ihn für melancholisch hielten. Indessen fragte er einen, der neben ihm saß, ob dies die Bank sei, auf welcher die Herren zu sitzen pflegen? »Ja!« ward ihm geantwortet. »Ei, wie fein habe ich es getroffen,« dachte da der Schultheiß, »ist es doch, als habe mir's die Bank angerochen, daß ich Schultheiß zu Schilda sei!« Wie er nun lange so sitzt und vor lauter Nachdenken tüchtig schwitzt, kommt der Bader, sieht, daß sein Kopf naß ist, und meint, er habe schon gebadet. »Guter Freund,« sprach er, »Ihr habt den Kopf gewaschen, aber Ihr habt Euch noch nicht reiben und kratzen lassen! Ist dies nicht geschehen, so will ich Lauge herlangen und Euch ausreiben!« Der Schultheiß, der in tiefen Gedanken geschwitzt, antwortete: »Lieber Bader! Ich weiß wahrlich eigentlich nicht, ob ich gebadet habe, aber gerieben bin ich noch nicht! Unsereiner hat gar viel zu sinnen und zu denken, sonderlich ich, der ich trachten soll, wie ich dem Kaiser reimweise antworte. Denn versteht mich recht: ich bin der Schultheiß von Schilda!« Über diese Rede des Schweinehirten, die doch sein bitterer Ernst war, fingen alle, die im Bade waren, zu lachen an, ließen ihn jedoch bei seinen Ehren bleiben und noch eins darauf schwitzen.

Als er wieder nach Hause kam, vergaß unsere gnädige Frau, die Schultheißin, nicht, den verheißenen Pelz, den sie wohl verdient hatte, recht oft zu fordern, und als der Schultheiß wieder einmal, wichtiger Geschäfte halber, in die Nachbarschaft gehen wollte, unterließ sie nicht, ihn an den Pelz zu mahnen. Ehe noch der Schultheiß die Stadt betrat, fragte er schon den Torwart nach dem Hause des Kürschners; als dieser ihm solches wies, fragte er ferner, ob es auch der sei, bei welchem die Schultheißenfrauen ihre Pelze kaufen. Da merkte der Torwart erst, daß der Mann verrückt sein müsse, deswegen wies er ihn nun zu einem Kübler, einem lustigen Gesellen, bei diesem sollte er nach Schultheißenpelzen fragen. Der gute Schultheiß geht in aller Ehrbarkeit, wohin er gewiesen war, sagt dem Kübler, er sei der Schultheiß von Schilda und wolle Schultheißenpelze kaufen. Der Kübler merkt bald, woran er ist, und erwidert: Es sei ihm sehr leid, seine Wohledeln nicht fördern zu können, wie er wollte; aber gestern sei Markttag gewesen, da habe er alle vorrätigen Pelze abgegeben. Damit ihm aber geholfen würde, so weiset er ihn in eine andere Vorstadt, zu einem Wagner; dort werde er Pelze finden nach seinem Begehren. Nun brachte er sein Anliegen bei dem Wagner vor. Dieser aber, der auch ein Spottvogel war, weist ihn zu einem Schreiner, der Schreiner zu einem Sporer, der Sporer zu einem Sattler, der Sattler zu einem Orgelmacher, der zu einem Studenten, der zu einem Buchbinder, der zu einem Druckergesellen, der zu einem Buchhändler; der Buchhändler endlich zu einem Lebküchner: dort finde er sie, wie er's nur haben wollte, zum fressen schön.

Als nun der Schultheiß auch hier nach Pelzen fragte, da antwortete ihm der Lebküchner: Er habe diesmal keine; wenn er aber eine kleine Zeit Geduld habe wolle, so werde er ihm einen feinen Pelz von Lebkuchen anmessen, anschneiden und backen; den könnte er, wenn er seinem Weibe nicht gefiele, selber essen, alle Morgen einen Mund voll. Der Herr Schultheiß bedankte sich aufs höchste, erklärte aber, daß er nun so lange nach einem Pelz herumgelaufen sei und keine Zeit mehr habe, zu warten; er müsse heim, seinem Amte wieder obzuliegen, denn er sei Schultheiß zu Schilda. Der Lebküchner, der etwas gutmütiger war als die andern, dachte, der Herr Schultheiß sei genug zum Narren gehalten, und wies ihn deswegen recht, zu einem Kürschner, wo er nun Pelze aller Gattung fand, wie er nur begehrte. Und hier kaufte er endlich einen prächtigen Pelz, dessen sich eine Schultheißin auch in der Stadt nicht hätte schämen dürfen. Als er heimkam, empfing die Frau den Pelz mit Freuden, bekleidete sich mit ihm auf der Stelle, drehte sich nach allen Seiten und ließ sich sagen, wie er ihr stehe. Der Schultheiß aber verlangte, jetzt sollte sie für seinen Dienst ihm auch Küchlein backen; er wollte eine Wurst, die er aus der Stadt mitgebracht, dazu geben und eine Maß Wein dazu bezahlen. Da begann seine Frau, wie vorzeiten, grobe, dicke Schnitten zu backen; er aber stieß die ersten, die aus der Pfanne kamen, voll Unmuts zurück. »Wofür hast du mich angesehen,« sagte er, »meinst du nicht gar, ich sei ein Schweinehirt? Weißest du nicht, daß ich der Herr Schultheiß allhier zu Schilda bin?« Da mußte die Frau ihm Sträublein backen, die zehrten sie miteinander auf und tranken einen guten Schluck Weins dazu.

Die folgende ganze lange Nacht lag die neue Frau Schultheißin in tiefsinnigen Gedanken, auf welche Weise sie doch den neuen Pelz anlegen und in demselben ihrem Mann und seinem Amte zu Ehren vor den Schildbürgern prangen möchte. Deswegen stand sie früh auf, und weil es eben Sonntag war, fing sie mit allem Eifer an, sich zu putzen, um sich von allen Nachbarn beschauen zu lassen. In diese Gedanken war sie so verirrt, daß sie sogar das Läuten in die Predigt überhörte. Ihr Herr, der Schultheiß, stand vor ihr und mußte ihr den Spiegel halten, und wohl hundertmal fragte sie ihn, ob sie auch von vorn und von der Seite recht wie eine Frau Schultheißin aussehe; und als er dies bejaht, ging sie endlich aus dem Hause der Kirche zu. War sie nun aber zu lang vor dem Spiegel gestanden, oder hatte der Mesner zu frühe geläutet: – siehe, als sie mit ihrem neuen Pelz zur Kirche hineinrauschte, war eben die Predigt aus, so daß jedermann aufstand. Die gute Frau aber legte dieses ganz anders aus: sie beredete sich selbst, weil ihr Mann Schultheiß und sie Frau Schultheißin sei, zudem weil sie einen nagelneuen Pelz anhabe, so stehen die Nachbarn ihr und ihrem Kleide zu Ehren auf. Sie sprach deswegen so sittig und tugendlich, als sie es in der kurzen Zeit gelernt haben konnte, indem sie sich gar gnädig nach beiden Seiten mit Verneigung kehrte: »Liebe Nachbarn, ich bitte euch, wollet doch stille sitzen: denn ich denke wohl noch an den Tag, wo ich ebenso arm und zerlumpt zur Kirche hineingegangen bin wie ihr; darum so setzet euch doch wieder!« Bald darauf kam auch der Herr Schultheiß, welcher bis auf diesen Augenblick an seinem Barette gestriegelt hatte, in die Kirche hineingetreten; als er aber die andern Schildbürger alle die Kirche verlassen sah, und nur seine Frau, die Schultheißin, noch in Erwartung der Predigt in ihrem Stuhle sitzen, nahm er sie an dem Arm und führte sie heim.

Endlich war der Kaiser auf dem Wege nach Schilda. Das wußten die Schildbürger und berieten sich aufs eifrigste, wie sie ihn würdig empfangen sollten. Am Ende beschlossen sie, dem Kaiser zuvorzukommen und das erste Wort an ihn zu richten. Deswegen sollte der Schultheiß ihn zuerst anreden und mit den Worten: »Seid uns willkommen!« empfangen. Dann mußte der Kaiser notwendig antworten: »Und du auch!« Und darauf hatte der Schultheiß schon einen Reim bereit: »Der witzigste unter uns ist ein Gauch!« Mit dieser Erfindung hielten sie ihre Freiheiten und Privilegien für gesichert. Über die Frage aber, wie man dem Kaiser entgegenziehen solle, waren die Meinungen geteilt: Einige wollten zwei Haufen haben, der eine sollte reiten, der andere zu Fuße gehen, je ein Reiter und ein Fußgänger in einem Glied. Andere vermeinten, es sollte ein jeder den einen Fuß im Stegreif haben und reiten und mit dem andern auf dem Boden gehen; das wäre ja auch halb gegangen und halb geritten. Wieder andere meinten, man sollte dem Kaiser auf hölzernen Pferden entgegengehen, denn man pflege auch im Sprichwort zu sagen: Steckenreiten sei halb gegangen; zudem seien solche Pferde fertiger, hurtiger, geduldiger und bald gezäumt und gestriegelt. Dieser letzten Meinung fielen alle bei, und es wurde beschlossen, daß jeder mit seinem Rosse gefaßt sein sollte. Dies geschah von seiten aller mit großer Bereitwilligkeit; denn da war keiner so arm, der sich nicht beim Tischler um ein weißes, schwarzes, graues, braunes, rotes, auch gesprenkeltes Pferd umgesehen hätte; dieselben tummelten sie und richteten sie meisterlich ab.

Als nun der festgesetzte Tag herbeigekommen und der Kaiser mit seinem Gefolge heranrückte, sprengten die Schildbürger hinaus mit ihren Steckenpferden, ihm entgegen. Wie der Schultheiß den Kaiser gewahr wurde, sprang er im Eifer von seinem Gaul auf einen Misthaufen und band sein hölzernes Roß vorsichtig an einen danebenstehenden Baum. Und weil er dazu beide Hände brauchte, nahm er den Hut zwischen die Zähne, behielt ihn auch darin, nachdem das Steckenpferd angebunden war, und murmelte zwischen den Zähnen: »Nun seid uns willkommen auf unserm Grund und Boden, fester Junker Kaiser!« Der Kaiser erkannte zwar auf den ersten Blick und auf das erste Wort, wie es mit den Schildbürgern beschaffen sei, und hatte Mühe, den Gruß zu verstehen, doch merkte er, was der Schultheiß sagen wollte, und erwiderte: »Hab Dank, mein lieber Schultheiß! und du auch!« Aber der Schultheiß hatte seinen Hut, den er halb losgelassen, wieder fest mit den Zähnen gefaßt und konnte nicht antworten. Schnell besann sich sein Nebenmann, warf den verabredeten Reim in seinem Kopf herum, konnte aber über das Endwort nicht bei sich einig werden, ob es hieße Narr oder Gauch oder etwas anderes, und platzte endlich heraus mit den Worten: »Der Schultheiß ist ein Narr!«

Auf diese Weise wurde der Kaiser empfangen, und als er noch zu guter Letzt den Schultheiß lächelnd befragte: »Warum stehst du denn auf dem Mist?« so erwiderte dieser mit einem Funken seiner alten Weisheit: »Ach, Herr, ich armer Tropf bin nicht wert, daß mich der Erdboden vor Euch trage!« Hierauf geleiteten sie den Kaiser in die Wohnung, die für ihn zugerichtet war, aufs Rathaus. Und weil der Tag noch lang war, so baten sie ihn um die Erlaubnis, ihn auf ihren Salzacker führen zu dürfen, und zeigten ihm hier ihr vortreffliches Gewächs; auch brachten sie die untertänigste Bitte vor, wenn ihnen diese Kunst geraten sollte, sie mit gnädigem Privilegium dafür auszustatten. Welches alles ihnen der Kaiser mit lachendem Munde gewährte.

Am andern Tage luden die Schildbürger den Kaiser zu Gaste, und dieser, dem ihre Schwänke und Possen wohl gefielen, erzeigte sich, um der Kurzweil willen, die ihn erwartete, willig dazu. Nachdem sie ihn daher in dem Dorfe herumgeführt und ihm ihre Misthaufen gezeigt, geleiteten sie ihn in ihr merkwürdiges Rathaus und hießen ihn an dem frischgedeckten Tische Platz nehmen. Das vornehmste Gericht, das aufgetischt wurde, war eine frische, kalte, saure Buttermilch: auf diese Seltenheit taten sich die Schildbürger am meisten zugute. Der Schultheiß setzte sich mit dem Kaiser zu Tische; die übrigen Bürger standen aus Ehrfurcht vor beiden um sie herum und langten von oben herab in die Schüssel. Sie hatten aber weislich zweierlei Brot in die Milch gebrockt. Vor des Kaisers Platz schwammen weiße Semmelwecken in der Sahne, vor den Bauern lagen die schwarzen Brocken in der Grundsuppe. Während sie nun aßen, der Kaiser das weiße, die Schildbürger das Haberbrot, erwischt von ungefähr ein grober Bauer einen Brocken von dem weißen Brote. Kaum hatte der Schultheiß diesen groben Verstoß gegen den Kaiser wahrgenommen, als er den Bengel auf die Hände schlug und ihn zornig anfuhr: »Flegel! willst du des Kaisers Brot essen?« Der Schildbürger erschrak, zog den Löffel schleunig zurück und legte den gekosteten Bissen fein bescheidentlich wieder in die Schüssel. Der Kaiser, der dieses wahrgenommen, hatte des Mahles genug und schenkte den Schildbürgern die saure Milch mitsamt dem weißen Brot.

Im übrigen blieb der Kaiser länger bei den Schildbürgern, als er sonst willens gewesen war, denn ihre Narrheit gefiel ihm über die Maßen. Als aber die Reichsgeschäfte ihn nötigten, heimzukehren, erbot er sich zur Abhilfe aller Beschwerden, die sie etwa vorzubringen hätten, und wollte sich ihnen als einen recht gnädigen Herrn erweisen. Da war ihre einzige Bitte, daß es ihnen vergönnt sein möge, ihrer schädlichen Weisheit fernerhin überhoben bleiben zu dürfen, dagegen in ihrer heilsamen Narrheit durch ein kaiserliches Privilegium für ewige Zeiten gesichert zu werden, so daß niemand sie hinfort darin hindern oder darüber anfechten dürfte. Diese Bitte gewährte ihnen der Kaiser willig und unter vielem Lachen, und es wurde ihnen ein förmlicher Freiheitsbrief für ihre Narrheit mit des Kaisers Unterschrift und Siegel ausgestellt und eingehändigt. Und so zog der Kaiser von dannen, nachdem er den Schildbürgern eine gute Mahlzeit, sich zu letzen, hinterlassen.

Diesen war es jetzt erst, nachdem der Kaiser fort war und sie im sichern Besitz ihrer Narrheit belassen hatte, recht wohl in ihrer Haut. Sie sprengten mit ihren Steckenpferden in das nächste Dorf, wo ihnen das kaiserliche Mahl angerichtet war. Als sie satt und trunken waren, kam sie das Verlangen an, auf eine grüne, schöne Aue hinauszuspazieren wie andere Junker, hier sich zu erlustigen und der Verdauung zu pflegen; doch vergaßen sie einige gute Flaschen Weines nicht und fuhren fort, im grünen Grase gelagert, bis in den Abend hinein zu zechen. Nun hatten sie aber alle Beinkleider von einerlei Farbe an, und im Zechen die Beine durcheinander geschränkt. Wie es nun an dem war, daß sie heimgehen sollten, siehe, da war eine große Not: keiner konnte mehr seine Füße oder Beine erkennen, weil sie alle gleichgefärbt waren; saßen da, guckte einer den andern an, und fürchtete jeder, ein anderer möchte ihm seine Füße nehmen, oder er einem andern seine Beine; sie waren deswegen in großer Angst. Während sie einander so angafften, ritt von ungefähr ein Fremder vorüber; den riefen sie und klagten ihm ihren Jammer, mit der flehentlichen Bitte, wenn er ein Mittel wüßte, einem jeden wieder zu seinen eigenen Beinen zu verhelfen, möchte er es um des Himmels willen anwenden, sie wollten sich gewiß mit guter Bezahlung dankbar erweisen. Der Fremde sprach, das könne wohl sein, stieg ab, und nachdem er sich vom nächsten Baum einen guten Prügel gehauen, fuhr er unter die Bauern und fing an, die nächsten, die besten auf die Beine zu schlagen; und welchen es traf, der sprang schnell auf, und mit den Streichen hatte ein jeder auch seine Füße wieder, denn der Geselle hatte sie ihm gefunden. Zuletzt blieb einer ganz allein sitzen, der sprach: Lieber Herr, soll ich meine Beine nicht auch haben? Wollt Ihr das Geld nicht auch an mir verdienen? Oder sind vielleicht diese Beine mein?« Der Fremde sprach: »Das wollen wir gleich sehen!« und zog ihm einen Streich darüber, daß es flammte. So sprang auch dieser letzte auf, und alle waren froh, daß sie ihre Beine wieder hatten. Sie schenkten dem Reiter ein gutes Trinkgeld und nahmen sich vor, ein andermal fürsichtiger mit ihren Füßen zu sein.

Allmählich hieß es bei den Schildbürgern: die Gewohnheit ist eine zweite Natur. Sie trieben ihre Narrheit nicht mehr aus purer Weisheit, sondern aus rechter, erblicher, angeborener Torheit. Sie konnten nichts mehr tun, was nicht närrisch gewesen wäre; alles, was sie dachten, geschweige erst, was sie anfingen, war lauter Torheit und Narreteidung.

So waren zwei unter ihnen, die hatten einmal gehört, daß die Leute zuzeiten durch Tauschhandel viel gewonnen hätten, und dies bewog sie, auch gegeneinander ihr Heil zu versuchen. Sie wurden deswegen einig, ihre Häuser miteinander zu tauschen. Und dieses geschah beim Wein, als sie des Kaisers Letze verzechten. Denn solche Sachen pflegen gerne zu geschehen, wenn der Wein eingeschlichen und der Witz ausgewichen ist.

Als nun jeder dem andern sein Haus einräumen sollte, ließ der eine, der zu oberst im Dorfe wohnte, sein Haus abbrechen und führte dasselbe stückweise in das Dorf hinab; der andere aber, der bisher zu unterst im Dorfe gewohnt hatte, tat dasselbe und führte das seinige dagegen hinauf. Auf diese Weise hatten sie redlich gegeneinander getauscht.

Ein andermal gingen die Schildbürger, die gar ernstlich auf den allgemeinen Nutzen bedacht waren, hinaus, eine Mauer zu besehen, die noch von einem alten Bau übriggeblieben war, ob sie nicht die Steine mit Vorteil anwenden könnten. Nun war auf der Mauer schönes, langes Gras gewachsen, das dauerte die Bauern, wenn es verloren sein sollte, deswegen hielten sie Rat, wie man es etwa benutzen könnte. Die einen waren der Meinung, man sollte es abmähen; aber niemand wollte sich dem unterziehen und auf die hohe Mauer wagen; andere meinten, wenn Schützen unter ihnen wären, so dürfte es das beste sein, wenn man es mit einem Pfeile abschösse. Endlich trat der Schultheiß hervor und riet, man sollte das Vieh auf der Mauer weiden lassen, das würde mit dem Gras wohl fertig werden; so dürfe man es weder abmähen noch abschießen. Diesem Rate neigte sich die ganze Gemeinde zu, und zur Danksagung wurde erkannt, daß des Schultheißen Kuh die erste sein sollte, die den guten Rat zu genießen hätte. Darein willigte der Schultheiß mit Freuden. So schlangen sie denn der Kuh ein starkes Seil um den Hals, warfen dasselbe über die Mauer und fingen auf der andern Seite an zu ziehen. Als nun aber der Strick zuging, wurde, wie vorauszusehen, die Kuh erwürgt und reckte die Zunge aus dem Schlunde. Als ein langer Schildbürger dies gewahr wurde, rief er ganz erfreut: »Ziehet, ziehet nur noch ein wenig!« und der Schultheiß selbst schrie: »Ziehet, sie hat das Gras schon gerochen! Seht, wie sie die Zunge danach ausstreckt! Sie ist nur zu tölpisch und ungeschickt, daß sie sich nicht selbst hinaufhelfen kann! Es sollte sie einer hinaufstoßen.« Aber es war vergebens; die Schildbürger konnten die Kuh nicht hinaufbringen und ließen sie daher wieder herab. Und jetzo wurden sie erst inne, daß die Kuh schon lange tot war.

Den Schildbürgerinnen ging es nicht anders als den Schildbürgern. Sie gebärdeten sich so närrisch, als wenn sie es von jeher gewesen wären. Eine Witwe, die nur eine einzige Henne hatte, welche ihr alle Tag ein Ei legte, hatte einst so viele Eier gesammelt, daß sie hoffen durfte, drei Groschen dafür zu lösen. Sie nahm deswegen ihr Körbchen und zog damit zu Markte. Unterwegs, da sie keine Gefährten hatte, fielen ihr allerlei Gedanken ein; und so dachte sie unter anderem an den Kram, den sie zu Markte trug; den ganzen Weg über redete sie mit sich selbst und machte sich folgende Rechnung: »Siehe,« sagte sie zu sich, »du lösest auf dem Markte drei Groschen. Was willst du damit tun? Du willst damit zwei Bruthennen kaufen, die zwei, samt denen, die du hast, legen dir in soundso viel Tagen soundso viel Eier. Wenn du diese verkaufest, kannst du noch drei Hennen kaufen; dann hast du sechs Hennen. Diese legen dir in einem Monat soundso viel Eier; die verkaufst du und legst das Geld zusammen. Die alten Hennen, welche nicht mehr legen, verkaufst du auch; die jungen fahren fort, dir Eier zu legen, und brüten dir Junge aus; diese kannst du zum Teil ziehen und deine Hühnerzucht dadurch mehren, zum Teil Geld daraus lösen, endlich auch rupfen, wie man die Gänse rupft. Aus dem zusammengelegten Gelde kaufst du dir danach etliche Gänse, die tragen dir auch Nutzen mit Eiern, mit Jungen, mit Federn. So kommst du in acht Tagen so weit, daß du eine Ziege kaufen kannst; die gibt dir Milch und junge Zicklein. Auf diese Weise hast du junge und alte Hühner, junge und alte Gänse, Eier, Federn, Milch, Zicklein, Wolle. Vielleicht läßt sich gar die Ziege auch scheren, du kannst es wenigstens versuchen; darauf kaufst du ein Mutterschwein; da hast du Nutzen über Nutzen, von jungen Spanferkeln, von Speck, Würsten und anderem. Daraus lösest du so viel, daß du eine Kuh kaufen kannst; die gibt dir Milch, Kälblein und Dünger. Was willst du aber mit dem Dünger anfangen? Wahrhaftig, du mußt auch einen Acker kaufen; der gibt dir Korn genug; dann brauchst du keines mehr einzukaufen! Danach schaffest du dir Rosse an, dingst Knechte, die versehen dir das Vieh und bauen dir den Acker. Alsdann vergrößerst du dein Haus, daß du Hausgesinde beherbergen und dein Geld aufheben kannst. Danach kaufst du noch mehr Güter, denn es kann dir nicht fehlen; du hast ja den Nutzen von Hühnern, von Gänsen, von Eiern, von Geißmilch, von Wolle, von Zicklein, von Milchlamm, von Spanferkeln, von Kühen – denen kannst du noch dazu die Hörner absägen und sie an den Messerschmied verkaufen; – du hast ferner den Nutzen von Kälbern, von Äckern, von Wiesen, von Hauszins und anderem. Danach willst du einen jungen Mann nehmen, mit dem kannst du in Freuden leben und eine reiche, stolze Frau sein! O, wie wohl willst du dir es sein lassen und niemand ein gutes Wörtchen geben! Juchhe, Juchheisa, Hopsasa!« So jubelte die junge Witwe, warf dazu einen Arm in die Höhe und tat einen Sprung. Aber als sie sich so aufschwang und dazu jauchzte, da stieß sie von ungefähr mit ihrem Arm an den Eierkorb, daß dieser ganz ungestüm zu Boden fiel und die Eier alle zerbrachen. Da waren alle ihre Wünsche mit zerbrochen, nur der Junggesell nicht, den sie sich zum Manne erkoren hatte. Der konnte ja noch immer kommen. So stand sie nun auf dem Wege zum Markte und wartete sein.

Die Schildbürger hatten eine Mühle gebaut, zu der sie auf einem hohen Berge in einer Steingrube einen Stein ausgehauen; dieser war von ihnen mit großer Mühe und Arbeit den Berg herabgebracht worden. Als sie ihn drunten hatten, fiel ihnen ein, wie sie vorzeiten die Bauhölzer, welche sie zu ihrem Rathause brauchten, mit so geringer Mühe den Berg hinuntergebracht, indem sie dieselben von selbst hinablaufen ließen. »Sind wir doch große Narren,« riefen sie, »daß wir uns abermals so viele Mühe gegeben haben!« Und nun trugen sie auch den Mühlstein mit größter Anstrengung den Berg wieder hinauf. Wie sie ihn aber eben wieder abstoßen wollten, fiel es einem

Schildbürger ein, zu fragen: »Wie wollen wir aber wissen, wo er hingelaufen sei? Wer da drunten kann uns das sagen?« – »Ei,« sagte der Schultheiß, welcher den Rat gegeben hatte, »diesem ist leicht zu helfen; es muß einer von uns sich in das Loch stecken und mit hinablaufen.« Das war gut, und alsobald ward einer ausgewählt, welcher den Kopf in das Loch stoßen und mit dem Stein hinunterrollen mußte. Nun war zu unterst an dem Berge ein Fischweiher; in diesen fiel der Stein mitsamt dem Schildbürger, und beide sanken zu Grunde, so daß die Schildbürger Mann und Stein verloren und nicht wußten, wo beide hingekommen seien. Da fiel ihr Verdacht auf den armen Gesellen, der mit und in dem Stein gelaufen war, als wäre derselbe mit dem Mühlstein davongegangen. Sie ließen daher in allen umliegenden Städten, Dörfern und Flecken offene Briefe anschlagen: »Wo einer kommen würde mit einem Mühlstein am Halse, den sollte man einziehen, und über ihn als einen Gemeindedieb Recht ergehen lassen.« Der arme Narr aber lag tief im Weiher und hatte zuviel Wasser getrunken, daher er sich nicht verteidigen und rechtfertigen konnte.

Nicht ferne von Schilda floß ein Wasser vorüber, an dessen Gestade ein mächtiger Nußbaum haushielt. Von diesem hing ein großer Ast hinab bis über das Wasser, und es fehlte wenig, so hätte er es berührt. Die Schildbürger sahen solches, und weil sie einfältige, fromme Leute waren, wie man heutzutage der Bauern wenige mehr findet, so hatten sie herzliches Erbarmen mit dem guten Baum und gingen darüber zu Rate, was denn dem armen Nußbaum fehlen möge, daß er sich so schwermütig zum Wasser neige. Als darüber mancherlei Meinungen laut wurden, sagte letztlich der Schultheiß: ob sie nicht närrische Leute wären! Sie sähen doch wohl, daß der Baum an einem dürren Orte stände und sich deshalb nach dem Wasser beuge, weil er gerne trinken möchte. Er denke auch gar nicht anders, als daß der niedrigste Ast der Schnabel des Baumes sei, den er nach dem Trunke ausstrecke. Die Schildbürger saßen ganz kurz zu Rate, sie dachten, ein Werk der Barmherzigkeit zu tun, wenn sie ihm zu trinken gäben; deswegen legten sie ein großes Seil oben um den Baum, stellten sich jenseits des Wassers und zogen den Baum mit Gewalt herunter, indem sie glaubten, ihn auf diese Weise tränken zu können. Als sie ihn ganz nahe bei dem Wasser hatten, befahlen sie einem ihrer Mitbürger auf den Baum zu steigen und ihm den Schnabel vollends ins Wasser zu tunken. Indem nun der Mann hinaufsteigt und den Ast hinunterzwängt, so bricht den andern Bauern das Seil; der Baum schnellt wieder über sich, und ein harter Ast schlägt dem Bauern den Kopf ab, daß er ins Wasser fällt, der Körper aber purzelt vom Baume herab und hat keinen Kopf mehr.

Darüber erschraken die Schildbürger und hielten auf der Stelle eine Umfrage: Ob er denn auch einen Kopf gehabt habe, als er auf den Baum gestiegen sei? Aber da wollte keiner etwas wissen. Endlich sagte der Schultheiß: Er sei so ziemlich überzeugt, daß derselbe keinen gehabt habe. Denn er habe ihn drei- oder viermal gerufen, aber nie eine Antwort von ihm gehört. Mithin müsse er keine Ohren gehabt haben, folglich auch keinen Kopf. Doch wisse er es nicht so ganz eigentlich. Darum sei sein Rat, man sollte jemand heim zu seinem Weibe schicken und sie fragen lassen, ob ihr Mann auch heute morgen den Kopf gehabt hätte, als er aufgestanden und mit ihnen hinausgegangen sei. Die Frau erwiderte: Sie wisse es nicht, nur so viel sei sie sich bewußt, daß sie ihn noch letzten Sonnabend gestriegelt; da habe er den Kopf noch gehabt. Seitdem habe sie nie so recht Achtung auf ihn gegeben. »Dort an der Wand«, sagte sie, »hängt sein alter Hut; wenn der Kopf nicht darin steckt, so wird er ihn ja wohl mit sich genommen haben, oder hat er ihn anderswohin gelegt, was ich nicht wissen kann.« So sahen sie unter den Hut an der Wand; aber da war nichts. Und im ganzen Flecken konnte niemand sagen, wie es dem Schildbürger mit seinem Kopf ergangen sei.

Auf eine Zeit verbreitete sich im Lande die Sage von einem großen Kriege. Die Schildbürger wurden für ihre Habe und Güter besorgt, es möchten ihnen dieselben von den Feinden weggeführt werden; besonders angst war ihnen für eine Glocke, die auf dem Rathause hing. Auf diese, dachten sie, könnte das Kriegsvolk ein besonderes Auge haben und Büchsen daraus gießen wollen. So wurden sie denn nach langem Ratschlagen eins, dieselbe bis zu Ende des Krieges in den See zu versenken, und sie, wenn der Feind abgezogen wäre, wieder herauszuziehen und aufzuhängen. Sie bestiegen also ein Schiff und fuhren mit der Glocke auf den See. Als sie aber die Glocke hineinwerfen wollten, da fiel es einem unter ihnen ein: wie sie den Ort denn auch wiederfinden könnten, wo sie die Glocke ausgeworfen hätten? »Da laß dir keine grauen Haare darüber wachsen,« sagte der Schultheiß und schnitt mit dem Messer einen Kerf in das Schiff, an dem Ort, wo sie die Glocke in den See versenkten; »hier bei dem Schnitt«, sprach er, »wollen wir sie wiedererkennen«. So ward die Glocke hinausgeworfen und versenkt. Lange nachher, als der Krieg vorüber war, fuhren sie wieder auf den See, ihre Glocke zu holen. Den Kerfschnitt an dem Schiffe fanden sie richtig wieder, aber den Ort, wo die Glocke war, zeigte er ihnen nicht an. So mangelten sie forthin ihrer guten Glocke.

In dieser gefährlichen Zeit hatte sich ein unschuldiger, armer Krebs verirrt, und als er vermeinte, in ein Loch zu kriechen, kam er zu allem Unglück gen Schilda ins Dorf. Als ihn hier einige Bürger gesehen hatten, daß er so viele Füße habe, daß er hinter und für sich gehen könne, und was ein ehrlicher Krebs dergleichen Tugenden mehr an sich hat, gerieten sie in großen Schrecken, denn sie hatten noch nie zuvor einen Krebs gesehen. Sie schlugen deswegen Sturm, kamen alle über das ungeheure Tier zusammen und zerquälten sich mit Nachsinnen, was es denn wohl sein möge. Niemand konnte es wissen, bis zuletzt der gelahrte Schultheiß sagte: es müsse wohl ein Schneider sein, dieweil er zwei Scheren bei sich habe. Um dies herauszubringen, legten die Schildbürger den Krebs auf ein Stück niederländisch Tuch, und wo der Krebs hin und her kroch, da schnitt ihm einer mit der Schere hintennach, denn sie dachten nicht anders, denn der Krebs, als ein rechtschaffener Meisterschneider, entwerfe das Muster eines neuen Kleides, welches sie dann sofort nachäffen wollten. So zerschnitten sie am Ende das Tuch ganz, daß es zu nichts mehr nütze war, und merkten endlich den Betrug. Da trat einer unter ihnen auf und sagte, daß er einen erfahrenen Sohn habe, der sei drei Tage lang auf der Wanderschaft gewesen und auf zwei Meilen Wegs weit und breit gereiset, habe viel gesehen und erfahren; er zweifle nicht daran, dieser werde dergleichen Tiere mehr gesehen haben und wissen, was es sei. So wurde der Sohn in den Rat berufen. Dieser besah das Tier lang von hinten und von vorn: er wußte gar nicht, wo er es anfassen sollte, und wo es den Kopf hätte; denn weil der Krebs hinter sich kroch, so meinte er, der Kopf wäre, wo der Schwanz ist. Endlich sprach er: »Nun habe ich doch meine Tage viel Wunders hin und her gesehen, so etwas ist mir aber noch nicht vorgekommen! Wenn ich aber sagen soll, was es für ein Tier sei, so spreche ich nach meiner Einsicht: wenn es nicht eine Taube ist oder ein Storch, so ist es gewiß ein Hirsch, denn er scheint ein Geweih zu haben. Aber unter diesen dreien muß es eines sein.« Jetzt wußten die Schildbürger soviel wie zuvor, und als ihn einer anfassen wollte, erwischte ihn der Krebs mit der Schere dermaßen, daß dieser um Hilfe zu rufen und zu schreien anfing: »Ein Mörder ist's, ein Mörder!« Als die anderen Schildbürger dies sahen, hatten sie daran genug, setzten sich eilig auf der Stätte selbst, wo der Bauer gebissen worden, zu Gerichte und ließen folgendes Urteil über den Krebs ergehen: »Sintemal niemand wisse, was es für ein Geschöpf sei, es aber sich befinde, daß dasselbe sie betrogen und sich für einen Schneider ausgegeben, während es doch offenbar nur ein Leute betrügendes und schädliches Tier sei, ja ein Mörder: so erkennen sie, daß es solle gerichtet werden als ein Betrüger und Mörder, und zwar, zu mehrerer Schmach, im Wasser ersäuft werden.«

Demzufolge ward einem Schildbürger der gefährliche Auftrag gegeben: den Krebs zu fassen und auf ein Brett zu legen, dieser trug ihn dem Wasser zu, und die ganze Gemeinde von Schilda ging mit; da ward er, in Beisein und Zusehen jedermänniglichs, ins Wasser geworfen. Als der Krebs sich wieder in seinem Elemente fühlte, da zappelte er und kroch hinter sich. Die Schildbürger aber sahen es nicht ohne großes Mitleid an. Einige huben an zu weinen und sprachen: »Schauet doch, wie tut der Tod so wehe!«

Das Geschrei von einem Kriege, weswegen die Schildbürger ihre Glocke in den tiefen See versenkt hatten, war nicht so nichtig, daß sie nicht selbst in der Tat etwas davon empfunden hätten. Denn innerhalb weniger Tage kam ihnen der Befehl zu, eine Anzahl Knechte zur Besatzung in die Stadt zu schicken, dem sie auch nachlebten. Einer dieser abgeordneten Schildbürger, nicht der geringste, begegnete, als er in die Stadt einzog, dem Kuhhirten, der eben seine Untertanen, Ochsen, Kühe und Kälber, austreiben wollte; und eine der Kühe berührte den Kriegsmann aus Schilda ein wenig mit ihrem Horn. Erzürnt und mutig zog der Schildbürger den Dolch aus seinem Gürtel, trat gegen die Kuh und sprach: »Bist du eine ehrliche und redliche Kuh, so stoße noch einmal!« Womit er diesen Feind glücklich aus dem Felde schlug.

Einige Zeit darauf taten die Städter einen Ausfall, um auf den Feind zu streifen und den Bauern Hühner und Gänse abzunehmen. Nun hatte jener Schildbürger kurz zuvor ein Panzerstück, eine Hand breit, gefunden, und weil er sich gerade eine neue Kleidung machen ließ, so befahl er dem Schneider, dieses Blech unter das Futter ins Wams zu vernähen und gerade vor das Herz zu setzen, damit er desto sicherer wäre und auch einen tüchtigen Puff aushalten könnte; denn schon früher sei ihm ein solches Glück widerfahren, daß, als er ein halbes Hufeisen gefunden und dasselbe unter den Gürtel gesteckt, er damit einen Schuß aufgefangen, welcher ihm sonst das Leben gekostet hätte. Der Schneider versprach, es ihm nach Willen zu machen; setzte lächelnd hinzu, er wolle den rechten Fleck mit dem Panzerstücke schon treffen. Wie die Kleidung fertig war, lief der Schildbürger getrost unter den andern hinaus, gute Beute zu erjagen; aber ehe er sich's versah, waren die Bauern über ihn hergefallen und jagten ihn. In der Angst wollte er über einen Zaun setzen, blieb aber mit den Hosen, welche hinten einen Zug hatten, an einem Zaunstecken hängen. Da stach einer der Bauern nach ihm mit der Hellebarde, so daß er vollends über den Zaun hinüberflog. So lag er drüben lange in Todesangst und seiner Meinung nach schwer verwundet. Als aber die Feinde vorübergezogen waren und er nichts von einer Wunde spürte, verwunderte er sich sehr und beschaute sich seine Hosen, ob nicht wenigstens diese durch und durch gestoßen seien. Da befand sich's, daß der Schneider den rechten Fleck für das Panzerstück ausersehen und es hinten in die Hosen gesetzt und hier ins Futter vernäht hatte. »Ei nun danke ich Gott«, sprach der Kriegsknecht, »und dem klugen Manne, der mir dieses Kleid gemacht hat. Wie fein hat er gewußt, wo einem braven Schildbürger das Herz sitzen muß!«

Der Krieg war glücklich vorüber, aber die Stunde der Schildbürger hatte geschlagen, obgleich sie keine Glocke mehr besaßen. In ihrem Flecken gab es nämlich keine Katzen, wohl aber so viel Mäuse, daß vor denselben auch im Brotkorbe nichts sicher war. Was sie nur neben sich stellten, ward ihnen gefressen und zernagt. Darüber waren sie in großen Ängsten. Da begab es sich, daß wieder ein fremder Wandersmann durch ihr Dorf zog; der trug eine Katze auf dem Arm und kehrte bei dem Wirt ein. Der Wirt fragte ihn, was doch dieses für ein Tier sei? Er sprach: es sei ein Maushund. Nun waren die Mäuse in Schilda so einheimisch und zahm, daß sie vor den Leuten gar nicht mehr flohen und am hellen Tage ohne Scheu hin und her liefen. Darum ließ der Wandersmann die Katze laufen; und diese erlegte vor den Augen des Wirts nicht wenig der Mäuse. Als der Gemeinde dies durch den Wirt angekündigt wurde, fragten die Schildbürger den Mann, ob ihm der Maushund feil wäre; sie wollten ihm denselben gut bezahlen. Er antwortete: der Hund sei ihm zwar nicht feil, weil sie aber seiner so gar bedürftig wären, wollte er ihnen denselben angedeihen lassen, und das um einen billigen Preis. Und so forderte er hundert Gulden dafür. Die Bauern waren froh, daß er nicht mehr verlangt hatte, und wurden mit ihm des Kaufes eins in der Art, daß sie ihm die Hälfte der Summe bar darlegen sollten, das übrige Geld sollte er nach Verfluß eines halben Jahres abholen. Der Kauf ward eingeschlagen; der Fremde trug den Schildbürgern den Maushund in ihre Burg, in der sie ihr Getreide liegen hatten, und wo es auch am meisten Mäuse gab. Der Wanderer zog eilends mit dem Gelde weg; er fürchtete sich, der Kauf möchte sie gereuen, und sie möchten ihm das Geld wieder abnehmen. Im Gehen aber sah er oft hinter sich, ob ihm nicht jemand nacheile.

Nun hatten die Bauern vergessen zu fragen, was der Maushund esse. Darum schickten sie dem Wandersmann in Eile einen nach, der ihn deshalb fragen sollte. Als nun der mit dem Gelde sah, daß ihm jemand nachlaufe, eilte er nur desto mehr. Der Bauer aber rief ihm von ferne zu: »Was isset Er? Was isset Er?« Jener antwortete: »Wie man's beut! Wie man's beut!« Der Bauer aber verstand: »Vieh und Leut! Vieh und Leut!« Er kehrte in großem Unmut heim und zeigte das dem Rate, seinen gnädigen Herren, an. Diese erschraken sehr darüber und sprachen: »Wenn er keine Mäuse mehr hat, so wird er unser Vieh fressen und endlich uns selber, ob wir schon ihn mit unserem guten Gelde an uns gekauft haben!« Sie hielten deswegen Rat über die Katze und wollten sie töten. Es hatte aber keiner das Herz, sie anzugreifen. Endlich beschlossen sie einmütig, die Burg, in welcher die Katze sich befand, mit Feuer zu vertilgen; denn ein geringer Schaden wäre besser, als daß sie alle um Leib und Leben kommen sollten. Und somit zündeten sie ihr eigenes Schloß an.

Als aber die Katze das Feuer roch, sprang sie zu einem Fenster hinaus, kam davon und floh in ein anderes Haus. Das Schloß aber brannte vom Boden hinweg. Niemand war in größerer Angst als die Schildbürger, da sie des Maushundes nicht loswerden konnten. Sie hielten aufs neue Rat, kauften das Haus, in dem die Katze jetzt war, und zündeten es auch an. Aber die Katze entsprang auf ein Dach; da saß sie eine Weile und putzte sich nach ihrer Gewohnheit mit der Tatze den Kopf; die Schildbürger aber meinten, der Maushund hebe die Hand auf und schwöre, daß er solches nicht ungerächt lassen wolle. Da nahm einer einen langen Spieß, um damit nach der Katze zu stechen. Sie aber ergriff den Spieß und fing an, an demselben herabzulaufen. Darüber entsetzten sich die Bürger und die ganze Gemeinde, liefen davon und ließen das Feuer brennen. Dieses verzehrte das ganze Dorf bis auf ein einziges Haus; die Katze aber kam gleichwohl davon.

Die Schildbürger waren mit Weib und Kind in einen Wald geflohen. Damals verbrannte auch ihr dreieckiges Rathaus und ihre Kanzlei, so daß von ihren Geschichten nichts Ordentliches mehr zu finden ist und ihre Taten nur vom Gerüchte aufbewahrt werden. Die armen Bürger waren in großer Not: Habe und Gut waren dahin; dazu fürchteten sie den Eid und die Rache des Maushundes. Sie fanden deswegen nichts Besseres, als andere Wohnungen zu suchen, wo sie vor dem Untier sicher bleiben könnten. So verließen sie ihr Vaterland mit Weib und Kind und zogen voneinander, der eine da-, der andere dorthinaus, ließen sich an vielen Orten nieder und pflanzten ihre Zucht weit und breit fort. Und seit dieser Zeit gibt es Schildbürger in der ganzen Welt.

Doktor Faustus

1

Johannes Faustus, der weitberühmte Schwarzkünstler, ward geboren in der Grafschaft Anhalt, und haben seine Eltern gewohnt in dem Markt oder Flecken Sondwedel; die waren arme, fromme Bauersleute. Er hatte aber einen reichen Vetter zu Wittenberg, welcher seines Vaters Bruder war, derselbe hatte keine Leibeserben, darum er denn diesen jungen Faustus, welchen er wegen seines fähigen Geistes herzlich liebgewonnen hatte, an Kindes Statt auferzog und zur Schule fleißig anhielt; worauf dieser mit zunehmendem Alter von ihm auf die hohe Schule zu Ingolstadt geschickt worden. Hier tat sich der junge Faustus in Künsten und Wissenschaften trefflich hervor, so daß er in der Prüfung elf andern Meistern der freien Künste vorangesetzt und selbst mit dem Magisterkäppchen geschmückt wurde.

Damals aber, da das alte päpstliche Wesen noch überall im Schwange ging, und man hin und wieder viel Segensprechen, Geisterbeschwören, Teufelsbannen und ander aberglaubisches Tun trieb, beliebte auch solches dem Faustus überaus. Weil er denn zu böser und gleichgesinnter Gesellschaft, ja unter solche Bursche geriet, welche mit dergleichen aberglaubischen Zeichen-Schriften umgingen, die Studien aber auf die Seite setzten, war er gar bald und leicht verführt. Zu diesem kam noch, daß er sich zu den damals umschweifenden Zigeunern fleißig hielt und von ihnen die Chiromantie, wie man nämlich aus den Händen wahrsagen möge, erlernte: dazu in allerlei Zauberkünste, wo er nur Gelegenheit fand, sich einweihen ließ.

Als er nun in diese Dinge ganz versunken war und sich also den Teufel gar einnehmen ließ, fiel er von der Theologie ab, legte sich mit Fleiß auf die Arzneikunst, erforschte den Himmelslauf, lernte den Leuten, was sie von ihrer Geburtszeit an für Glück und Unglück erleben sollen, verkündigen, und wußte mit Kalender- und Almanach-Rechnung wohl umzugehen. Endlich kam er gar auf die Beschwörungen der Geister, welchen er dergestalt nachgrübelte und darin er dermaßen zunahm, daß er zuletzt ein ausgemachter Teufelsbeschwörer wurde. Bei seinen Eltern und seinem Vetter wußte er sich indessen recht schlau zu rechtfertigen, brachte auch von der Universität zu Ingolstadt ein gutes Zeugnis mit; und so war ihm denn der wohlhabende und gutmütige Vetter selbst behilflich, daß er nach dreien Jahren Doktor in der Medizin werden konnte.

Seit nun Doktor Faustus solchem teuflischen Wesen sich sogar ergeben, vergaß er dabei Gottes und seines Worts: und weil er durch den Tod seines Vetters zu Wittenberg zu einem schönen Erbe gelangte, so fand er daselbst bald Gesellschaft seinesgleichen: war nicht mehr viel nüchtern, wurde vielmehr zu allem unlustig und verdrießlich. Und obwohl, weil die Barschaft des Vetters bei täglichem Fressen, Saufen und Spielen in Abnahme geriet, er sich in etwas der Gesellschaft entschlug, so war der doch darum bei solchem Müßiggang nicht viel besser, sondern trachtete nur stets, wie er andere Gesellschaft, nämlich der Teufel und bösen Geister Kundschaft und durch solcher Hilfe zeitliche Freude und tägliches Wohlleben möchte überkommen; weswegen er hin und wieder bei leichtfertigen Leuten allerhand teuflische Bücher, aberglaubische Charaktere, gottesvergessene Beschwörungen zusammenraffte, zum öftern abschrieb und sich vorsätzlich darin übte. Unter solchem Studium fand er denn nicht nur, daß er selbst mit einem hochfliegenden und herrlichen Geiste begabt sei, sondern auch, daß die Geister eine besondere Zuneigung zu ihm hatten. In dieser Meinung wurde er noch mehr bekräftigt, als er etlichemal nacheinander in seiner Stube einen seltsamen Schatten an der Wand vorüberfahren, auch darauf oftmals, wenn er aus seiner Schlafkammer bei Nacht blickte, viel Lichter hin und wieder bis an seine Bettstatt gleichsam fliegen sah, und zugleich dabei Laute vernahm, als ob Menschen miteinander leise redeten; dessen er sich denn höchlich erfreuete und in den Stimmen Geister und Gespenster erkannte, jedoch noch nicht so viel Mut hatte, dieselben anzusprechen.

Als nun Doktor Faustus in seiner teuflischen Kunst erlernt und studieret, soviel ihm dienstlich sein würde, dasjenige zu überkommen, was er lang zuvor begehret hatte: siehe, da geht er einst an einem heitern Tage aus der Stadt Wittenberg, um einen bequemen und gelegenen Ort zu finden, wo er füglich seine Teufelsbeschwörungen ins Werk setzen möchte, und findet auch endlich, ungefähr einer halben Meile Wegs von der Stadt gelegen, einen Wegscheid, welcher fünf Ausfahrten hatte, dabei auch groß und breit und also ein erwünschter Ort war. Hier verblieb er den ganzen Nachmittag, und nachdem der Abend herbeigekommen und er gesehen, daß keine Fuhre mehr oder jemand anders durchging, nahm er einen Reif, wie die Küfer oder Büttner haben, machte daran viel wunderseltsame Charaktere und setzte daneben noch zween andere Zirkel oder Kreise. Und da er solches alles nach Ausweisung der Nekromantie bestermaßen angestellt hatte, ging er in den Wald, der allernächst dabei gelegen war, der Spessartwald genannt, und erwartete mit Verlangen die Mitternachtszeit, wo der Mond sein volles Licht haben würde: kaum aber ist die Zeit herbeigekommen, so beschwört er gleich zum Anfang, in den mittlern Reif tretend, unter Verlästerung des göttlichen Namens, den Teufel zum ersten- und andern- und drittenmal.

Kaum waren die Worte recht ausgeredet, da sah er alsobald, während der Mond schon hell schien, eine feurige Kugel anherkommen, die ging dem Kreise zu mit solchem Knallen, gleich als ob eine Muskete wäre losgebrannt worden, fuhr aber gleich darauf mit einem feurigen Strahl in die Luft, ob welchem allen denn der Doktor Faustus sehr erschrak, so daß er auch aus dem Kreise laufen wollte. Weil er jedoch, dem Reif entwichen, nicht mehr lebendig heimzukommen hoffte, so faßte er sich wieder einen Mut und beschwor den Teufel von neuem auf obige Weise; aber da wollte sich nichts mehr regen, noch ein Teufel sehen lassen. Er nahm derhalb eine härtere Beschwörung zur Hand. Alsbald entstand im Wald ein solcher ungestümer Wind und solches Brausen, daß es das Ansehen hatte, als ob alles zugrunde gehen wollte; kurz darauf rannten etliche Wägen mit Rossen bespannt bei dem Reif in *einem* Rasen vorbei und machten einen solchen Staub, daß Faustus, bei dem hellen Mondschein, nichts sehen konnte. Da endlich, obwohl Doktor Faust, wie leicht zu glauben, so erschrocken und verzagt war, daß er schier auf seinen Füßen nicht mehr stehen konnte und wohl mehr als hundertmal wünschte, daß er hundert Meilen Wegs von da wäre, sah er wider alles Verhoffen, gleich als unter einem Schatten, ein Gespenst oder einen Geist um den Kreis herumwandern. Mutig beschwor er den Geist: er sollte sich erklären, ob er ihm dienen wollte oder nicht? er sollte nur frei reden. Der Geist gab gar bald zur Antwort: er wolle ihm dienen, jedoch mit diesem Bedinge, daß, so er anders etlichen Artikeln nachkommen wollte, welche er ihm vorhalten werde, er die Zeit seines Lebens nicht von ihm scheiden werde. Doktor Faustus vergaß auf dieses all seines vorigen Leides und empfundenen Schreckens und war in seinem Gemüte recht fröhlich und zufrieden, daß er endlich, nach so vielen Sorgen, dasjenige überkommen sollte, wonach sein Herz so lange Zeit verlanget hatte; daher sprach er getrost zu dem Geist: »Wohlan, dieweil du mir dienen willst, so beschwöre ich dich nochmals zum ersten-, andern- und drittenmal, daß du morgen in meiner Behausung erscheinen sollest; allwo wir denn von allem dem, was ich und du zu tun haben, zur Genüge reden und handeln wollen.« Dieses sagte der Geist dem Doktor Faustus zu: alsobald zertrat dieser den Zirkel mit Füßen, ging mit Freuden heraus, eilte der Stadtpforte zu und erwartete mit sehnlichem Verlangen den bald ankommenden Tag.

Nun saß er unter tausenderlei verwirrten Gedanken in seinem Stüblein. Eine, zwei und mehr Stunden laufen vorbei, der Geist will doch nicht erscheinen; hinter, vor und neben sich forschet ohne Unterlaß Doktor Faustus, ob er noch nichts erblicken möge; aber alles vergebens, so daß er sich schon des Geistes und seiner Erscheinung verzeihen wollte: endlich, da ersiehet er zur Mittagszeit etwas nahe bei dem Ofen gleich als einen Schatten hergehen, und dünkte ihm doch, es wäre ein Mensch; aber bald sieht er denselben auf eine andere Weise; daher er denn zur Stunde seine Beschwörung aufs neue anfing und den Geist beschwor, er sollte sich recht sehen lassen. Da ist alsobald der Geist hinter den Ofen gewandert und hat den Kopf als ein Mensch hervorgestreckt, sich sichtbarlich sehen lassen, und vor dem Doktor Faustus sich wieder und wieder gebücket und seine Reverenz gemacht. Nach einigem Bedenken begehrte Faust, der Geist sollte hervorgehen und ihm, seinem Versprechen nach, die Punkte vorhalten, unter deren Beding er ihm dienen wolle. Der Geist schlug ihm solches anfangs ab und meinte, er sei so gar weit nicht von ihm, er könne dennoch mit ihm von allerhand nötigen Dingen Unterredung pflegen. Da ereiferte sich Faustus und wollte aufs neue seine Beschwörung anfangen und ihm noch härter zusetzen; das aber war dem Geist nicht gelegen, und so ging er hinter dem Ofen hervor. Da sah nun Faust mehr als ihm lieb war, denn die Stube ward in einem Augenblick voller Feuerflammen, die sich hin und wieder ausbreiteten; der Geist hatte zwar einen natürlichen Menschenkopf, aber sein ganzer Leib war gar zottigt, gleich als eines Bären, und mit feurigen Augen blickte er Faustum an, worüber dieser sehr erschrak und ihm befahl, er sollte sich wieder hinter den Ofen ducken, wie er auch tat. Darauf fragte ihn Doktor Faustus, ob er sich nicht anders, denn in einer so abscheulichen und greulichen Gestalt zeigen könnte? Der Geist antwortete: nein; denn, sagte er, er wäre kein Diener, sondern ein Fürst unter den Geistern; wenn er ihm dasjenige leisten und halten wolle, was er ihm vorhalten werde, so wolle er ihm einen Geist zuschicken, der ihm bis an sein Ende dienen werde und nicht von ihm weichen, ja in allem und jedem willfahren, was nur seinem Herzen würde belieben zu wünschen und zu begehren.

Auf solchen Vorschlag des Satans antwortete Faust, er solle ihm nur sein Verlangen eröffnen und vorhalten. Der Teufel spricht: »So schreibe sie denn von Wort zu Worten auf und gib alsdann richtigen Bescheid, es wird dich nicht gereuen! Ich will dir hiermit fünf Artikel vorschreiben: nimmst du sie an, wohl und gut; wo aber nicht, sollst du mich hinfüro nicht mehr zwingen zu erscheinen, wenn du auch gleich alle deine Kunst zu Rate ziehen würdest.« Also nahm Doktor Faustus seine Feder zur Hand und verzeichnete, wie folgt:

1) Er soll Gott und allem himmlichen Heer absagen.

2) Er soll aller Menschen Feind sein, und sonderlich derjenigen, so ihn seines bösen Lebens wegen würden strafen wollen.

3) Den Pfaffen und geistlichen Personen soll er nicht gehorchen, sondern sie anfeinden.

4) Zu keiner Kirche gehen, die Predigten nicht besuchen, auch die Sakramente nicht gebrauchen.

5) Den Ehestand hassen, sich in denselben nicht einlassen, nie verehelichen.

Wenn er diese fünf Artikel wolle annehmen, so solle er sie zur Bestätigung mit seinem eigenen Blute bekräftigen und ihm einen Schuldbrief, von seiner eigenen Hand geschrieben, übergeben, alsdann wolle er ihn zu einem Mann machen, der nicht allein alle erdenkliche Lust und Freude haben und die Zeit seines Lebens über genießen solle, sondern es sollte auch seinesgleichen in der Kunst nicht sein.

Doktor Faustus saß hierüber in sehr tiefen Gedanken, und je mehr und öfter er diese greuliche und gottsvergessene Artikel übersah und überlas, je schwerer sie ihm zu halten fallen wollten: doch bedachte er sich endlich und meinte, weil doch der Teufel ein Lügner sei, und ihm schwerlich alles dasjenige, wonach etwa sein Herz verlangen würde, seiner Zusage nach, schaffen und zuwege bringen würde, so wolle er auch alsdann noch wohl andern Sinnes werden. Und wenn es ja mit der Zeit dahin käme, daß er ihn als sein wahres Unterpfand haben und hinnehmen wollte, so könnte er wohl beizeiten ausreißen und sich wiederum mit der christlichen Kirche versöhnen; würde ihm denn über alles Verhoffen Zeit und Raum zu kurz, sich zu bekehren, so habe er gleichwohl nach seines Herzens Lust und Begierde in dieser Welt gelebt: halte der Geist etwa in einem und andern keinen Glauben, trotz seiner Zusage, so sei er ihm auch hinwiederum nicht Glauben zu halten schuldig.

So sagte er endlich in Leichtsinn und Gottesvergessenheit zu einem Artikel um den andern laut und unumwunden ja. Der Geist aber, auf des Doktors deutliche Erklärung, wendete nichts weiter ein und sprach: »So komm denn, soviel dir immer möglich ist, diesen Forderungen nach; aber deine eigene Handschrift mit deinem Blut gezeichnet wirst du mir geben; stelle es also an und lege sie auf den Tisch, so will ich sie holen.« Doktor Faustus antwortete: »Wohlan, es ist so gut: aber eines bitte ich dich zum letzten, daß du mir nicht mehr so greulich und in deiner jetzigen Gestalt erscheinen wollest, sondern etwa in eines Mönchs oder eines andern bekleideten Menschen Gestalt;« welches denn der Geist dem Faustus zusagte und also verschwand.

Nachdem nun der höllische Geist gewichen, vielleicht die Zeit zu gewinnen, um die versprochene Handschrift zu fertigen, hätte Faust wohl noch Zeit gehabt, seinen Abfall von Gott mit reuigem, bußfertigem Herzen gutzumachen; allein er trachtete nur dahin, wie er seine Wollust und sein Mütlein in dieser Welt recht abkühlen möchte, und war eben auch der

Meinung, welcher jener vornehme Herr gewesen, der unter anderm auf dem Reichstage zu etlichen gesagt hat: Himmel hin, Himmel her, ich nehme hier das meinige, mit dem ich mich auch erlustige, und lasse Himmel Himmel sein; wer weiß, ob die Auferstehung der Toten wahr sei?

So nahm denn Faustus ein spitziges Schreibmesser und öffnete sich an der linken Hand ein Äderlein; das ausfließende Blut faßte er in ein Glas, setzte sich nieder und schrieb mit seinem Blut und eigener Hand nachfolgenden Schuldbrief:

»Ich, Johannes Faustus, Doktor, bekenne hier öffentlich am Tag, nachdem ich jederzeit zu Gemüt gefasset, wie diese Welt mit allerlei Weisheit, Geschicklichkeit, Hoheit begabet, und allezeit mit hochverständigen Leuten geblühet hat; dieweil ich denn von Gott dem Schöpfer nicht also erleuchtet und doch der Magie fähig bin, auch dazu meine Natur himmlischen Einflüssen geneigt, zudem auch gewiß und am Tage ist, daß der irdische Gott, den die Welt den Teufel pflegt zu nennen, so erfahren, gewaltig und geschickt ist, daß ihm nichts unmöglich ist; so wende ich mich nun zu ihm, und nach seinem Versprechen soll er mir alles leisten und erfüllen, was mein Herz, Gemüt und Sinn begehret und haben will, und soll an nichts ein Mangel sichtbar werden; und so denn dem also sein wird, so verschreibe ich mich hiermit mit meinem eigenen Blut, welches ich, obwohl ich bekennen muß, daß ich's von dem Gott des Himmels empfangen habe, samt Leib und Gliedmaßen, so mir durch meine Eltern gegeben sind, mit allem, was an mir ist, samt meiner Seele, hiemit diesem irdischen Gott zu Kaufe gebe, und verspreche mich ihm mit Leib und Seele.

Dagegen sage ich vermöge der mir vorgehaltenen Artikel ab allem himmlichen Heer und allem, was Gottes Freund sein mag. Zur Bekräftigung meiner Verheißung will ich diesem allem treulich nachkommen; und dieweil unser aufgerichtetes Bündnis *vierundzwanzig Jahr* währen soll, so soll denn der Satan, wenn diese Jahre verflossen sind, dieses sein Unterpfand, Leib und Seele, angreifen und darüber zu schalten und zu walten Macht haben; soll auch kein Wort Gottes, auch nicht die solches predigen und vortragen, hierin einige Verhinderung tun, ob sie mich schon bekehren wollten.

Zur Urkund dieser Handschrift habe ich solche mit meinem eigenen Blute bekräftiget und eigenhändig geschrieben.

Faustus, Doktor.«

Als er nun solche gräßliche Verschreibung verfertigt hatte, erschien bald darauf der Teufel in eines grauen Mönchs Gestalt und trat zu ihm, da denn Doktor Faustus ihm seine Handschrift eingehändigt, darauf dieser gesagt: »Fauste, dieweil du denn mir dich also verschrieben hast, so sollst du wissen, daß dir auch soll treulich gedienet werden. Ich jedoch, als der Fürst dieser Welt, diene persönlich keinem Menschen; alles, was unter dem Himmel ist, das ist mein, darum diene ich niemand: aber morgenden Tags will ich dir einen gelehrten und erfahrnen Geist senden, der soll dir die Zeit deines Lebens dienen und gehorsam sein; sollst dich auch vor ihm nicht fürchten noch entsetzen, er soll dir in der Gestalt eines grauen Mönchs, wie ich anjetzo, erscheinen und dienen. Hiermit nehme ich diese deine Handschrift; und gehabe dich wohl.« Also verschwand er.

Gleich abends, als Doktor Faustus nun zu Nacht gegessen hatte und kaum in seine Studierstube gekommen war, siehe, da klopft jemand sittiglich an der Stubentüre, dessen Faustus sonst nicht gewohnt war, zumal die Haustüren allbereits verschlossen waren. Er merkte aber bald, was es bedeute, und öffnete die Türe: da stand ihm gegenüber eine lange, in grauen Mönchshabit gekleidete Person, dem Ansehen nach eines ziemlichen Alters; denn der Fremde hatte ein ganz graues Bärtlein; den hieß er alsbald in die Stube gehen und sich zu ihm auf die Bank niedersetzen, welches der Geist auch getan. Auf das Befragen des Doktors, was denn des Geistes Geschäft sei, antwortete dieser: »O Fauste, wie hast du mir meine Herrlichkeit genommen, daß ich nun eines Menschen Diener sein muß! Dieweil ich aber von unserm Obersten dazu gezwungen worden, muß ich es wohl lassen geschehen. Wenn aber das Ziel wird erreichet sein, so wird es mir eine kurze Zeit gewesen dünken, dir aber wird es ein Anfang sein einer unseligen, unendlichen Zeit! So will ich mich nun von jetzo dir ganz unterwürfig machen, sollst auch keinen Mangel bei mir haben, ich will dir treulich dienen; so sollst du dich auch vor mir nicht entsetzen, denn ich bin kein scheußlicher Teufel, sondern ein Spiritus familiaris, das ist ein vertraulicher Geist, der gerne bei den Menschen wohnet!«

»Wohlan denn,« sagte hierauf Doktor Faustus, »so gelobe mir im Namen deines Herrn Luzifer, daß du allem fleißig nachkommen wollest, was ich dir werde zumuten und von dir begehren.« Der Geist beantwortete solches mit Ja. »Du sollst zugleich wissen,« sagte er, »daß ich werde Mephistopheles genennet: und bei diesem Namen sollst du mich hinfort jederzeit rufen, wenn du etwas von mir begehren willst, denn also heiße ich.« Doktor Faustus erfreute sich hierüber in seinem Gemüte, daß nun sein Begehren einmal zu einem erwünschten Ende gekommen sei, und sprach: »Nun, Mephistopheles, mein getreuer Diener, wie ich verhoffe, so wirst du dich allezeit gehorsamlich finden lassen und in dieser Gestalt, wie du jetzund erschienen bist. Ziehe nun für dieses Mal wiederum hin, bis auf mein ferneres Berufen.« Auf diesen Bescheid bückte sich der Geist und verschwand.

Obwohl nun Doktor Faustus vermeinte, es könne ihm hinfüro nichts mehr mangeln, weil er einen so getreuen Diener an dem Geiste habe, wollte es doch gleichwohl nach und nach an einem und dem andern fehlen. Denn die baren Mittel von der Verlassenschaft seines vor etlichen Jahren verstorbenen Vetters hatten nunmehr ein Ende, und war von diesem allen, außer der Behausung, in welcher er wohnte, und etlichen Wiesen und Feldern weniges mehr übrig, wegen des Spielens und Bankettierens, zu dem der Erbe sehr geneigt war. Daher hielt er mit seinem Mephistopheles Rat, wie er doch andere Mittel anstatt der verlornen erlangen möchte, damit er eine bessere Haushaltung führen könnte. Der Geist sagte: »Mein Herr Fauste, gib dich zufrieden und beschwere dein Gemüt nicht mit dergleichen kummerhaften Gedanken, sorge doch hinfüro für nichts mehr, ich bin ja dein Diener, dein getreuer Diener, und solang du mich haben wirst, sollst du keinen Mangel an irgend etwas haben: darum sollst du nicht sorgen noch trachten, wie deine Haushaltung möge fortgeführet werden, weil du weniges Einkommen hast und das andere fast aufgezehret ist. Denn wenn du nur Schüsseln, Teller, Kannen und Krüge hast, so hast du schon übrig genug; für Essen und Trinken aber darfst du nicht sorgen, ich will dein Koch und Keller sein; dinge nur keine Magd, die es vielleicht verraten möchte; aber einen Famulus oder Jungen magst du wohl haben, ingleichen auch Gäste und gute Freunde, so dir Gutes gönnen, und des deinigen bisher leidlich genossen: die magst du immerhin einladen und berufen und mit ihnen fröhlich und guten Mutes sein.«

Daß nun dieses Anerbieten des Geistes dem Doktor Faustus erfreulich müsse zu hören gewesen sein, ist wohl zu glauben; allein er wollte fast darob zweifeln, weswegen er auch zum Geist sprach: »Mein lieber Mephistopheles, ich muß doch gleichwohl fragen, wie und woher willst du solches alles überkommen?« Der Geist lächelte hierüber und sprach: »Dafür sorge du nur nicht; aus aller Könige, Fürsten und großer Herren Höfen kann ich dich sattsamlich versehen; an Kleidern, Schuhen und anderm Gewand sollst du auch keinen Mangel leiden. Nur, Getränk und Speise zu bekommen, dazu mußt du freilich auch das deinige tun; denn ich weiß nicht, was du am liebsten issest und trinkest: darum was du abends und morgens verlangest und haben willst, das verzeichne und lege das Verzeichnis auf den Tisch, daß ich es hole und alles dir zu rechter Zeit verschaffe.« Dessen erfreute sich Faustus gar sehr und tat dem also, verzeichnete zur Stunde die Kost nebst einem guten Trunk zweier- oder dreierlei Weingewächse, um zu sehen, ob ihm der Geist auch das getane Versprechen erfüllen würde.

Abends um sieben Uhr wurde ihm hierauf zum erstenmal der Tisch gedeckt, auf welchen denn der Geist ein zierlich vergoldetes Trinkgeschirr setzte. Auf die Frage, woher denn der schöne Becher stamme, antwortete der Geist: er solle danach nicht fragen, er habe ihm dieses in das Haus verehrt, dessen sollte er sich ins Künftige bedienen; worauf Faustus schwieg und zugleich sah, daß Semmel und andere Dinge mehr auf dem Tische lagen, ja nicht lang hernach fanden sich da sechs oder acht Gerichte, welche alle warm und auf das beste zugerichtet waren, wie wenn auch die Weine nacheinander auf den Tisch gestellt wurden.

Da nun Faustus für nichts mehr zu sorgen hatte, woher er Essen, Trinken, Geld und anders überkäme, brachte er Tag und Nacht im Saus und Brause hin, spielte, fraß und soff mit seinen Zechbrüdern, Goldmachern, etlichen Studiosen so, daß nach einiger Zeit fast jedermann in der Stadt, sonderlich die Nachbarschaft, weil Doktor Faustus sich um nichts mehr bekümmerte, weder um die Praxis noch um seine Äcker und Wiesen, die er von seinem Vetter ererbt hatte, zu zweifeln anfing, ob dieses recht zugehe, weil Faustus nicht von der Luft leben könne, dazu er ohnedem schon wegen Zauberei in ziemlichem Verdacht bei jedermänniglich stand. Diesen Argwohn den Leuten zu benehmen, ermahnte der Geist seinen Herrn, eine bessere Haushaltung zu führen, selbst die Äcker zu besämen, das Heu und Grummet von seinen Wiesen abzumähen und einzubringen, die Frucht zu schneiden und einzuernten; legte sofort in Fausts Namen Hand an und brachte diesen wieder in ehrlicheren Ruf. Es war damals aber eine unbequeme Zeit und die Frucht nicht wohl geraten; dennoch schnitt Faustus dreifach soviel von seinen geerbten Gütern, als sein nächster Nachbar tat.

Allein dem Doktor Faust wollte in die Länge dieses eingezogene, ehrbare Leben nicht gefallen, er sprach deshalb mit allem Ernst zu seinem Geiste: »Schaffe mir, o Mephistopheles, Geld, woher du es gleich nehmen solltest, denn ich bin gar geneigt zum Spielen, welches ich auch für meine liebste Beschäftigung halte; damit will ich nicht allein meine Zeit vertreiben, sondern auch außerhalb dieses meines Hauses meine Lust in guten Gesellschaften recht büßen. Meinest du, Mephistopheles, ich habe mich deinem Fürsten, dem Luzifer, so hoch verpflichtet, daß ich ein mönchisches, eingezogenes Leben führen wolle? O nein, es ist viel anders gemeint. Schaffe du mir, nach deines Herrn Versprechen, ein gutes Leben auf dieser Welt und verrichte daneben das meinige wie bisher, um den Leuten den Argwohn zu benehmen.« Mephistopheles antwortete hierauf: »Mein Herr Fauste, was habe ich dir jemals versagt? habe ich nicht durch Wartung der Felder und Wiesen, durch Einsammlung der Früchte so viel zuwegen gebracht, daß du deine Haushaltung hast führen mögen, sondern auch dadurch den Leuten ziemlich aus den Mäulern bist kommen?« Doktor Faustus bejahete solches und sprach: »Es ist wahr, und ich danke dir wegen deines Fleißes und deiner Vorsorge; allein, mein Diener, es wird mir solches zu halten in die Länge beschwerlich fallen, darum will ich nun hiermit mein ganzes Herz vor dir ausschütten; willst du nicht alles dasjenige tun und verrichten, was ich haben will, und mir meine übrige Lebenszeit alle gehörige Notdurft und ersinnliche Ergötzlichkeit verschaffen, so sage ja, oder nein.«

Mephistopheles sah wohl, daß sich Doktor Faustus ereifert hatte, und antwortete demnach: »Wohlan, mein Herr, ich bekenne es, daß ich dein Diener und also schuldig bin, dir allen gebührenden Gehorsam zu leisten. Damit du mich nun nicht für einen Lügengeist halten mögest, so sollst du sehen und in der Tat erfahren, daß keine Unwahrheit an mir sei, ich will dir Geld und alles was du vonnöten hast, zur Genüge verschaffen; aber eines bitte ich dich, dieweil etliche dich eben darum werden anfeinden, daß es dir so wohl ergehet, so halte auch deine mit deinem Blut geschriebene Zusagung, daß du alle diejenigen wollest verfolgen, die dich etwa deines Lebens wegen strafen werden; dessen erinnere ich dich nochmals.«

Doktor Faustus gab dem Geist wiederum gute Worte, und dieser erfüllte nun in allem und jedem seinen Willen; Geld ward ihm zugetragen, er wurde mit Kleidung, Schuhen, Bettgewand versehen, an allerhand Speisen und Getränken mangelte es nie, kein Holz kaufte er je, und hatte doch dessen einen großen Vorrat. Hernach aber wollte es der Geist auch nicht mehr schaffen, sondern Doktor Faustus mußte das seinige dabei tun und mit seiner Kunst etwas zuwege bringen, wie wir bald hören werden.

Doktor Faustus hatte nun gute Tage und tägliches Wohlleben, weil ihm an nichts gemangelt, wonach sein Herz gelüstete; jedoch konnte es unter solcher Zeit nicht wohl fehlen, daß nicht etwa ein einiger guter Gedanke in seinem Herzen hätte sollen aufstehen, der ihm von der Allmacht, Güte und Treue des Gottes, den er ja so schändlich wider besser Wissen und Gewissen verleugnet, hätte sollen heimlich predigen und sein Gewissen rühren; zumalen ihm solches sonst, wegen verbotener Besuchung des Gottesdiensts und verwehrten Genusses des heiligen Sakraments, nicht gerühret werden mochte. So sprach er denn einstmals zu sich selber: »Ich habe gleichwohl bei mir die heilige Bibel und noch andere christliche Bücher mehr; ich kann in diesen wohl lesen, ob mir gleich die Kirche und der Gottesdienst verboten ist; mit diesen will ich zu Hause meine Kirche anstellen; es muß mein böses Gewissen dem Teufel nicht allezeit offen stehen; es ist doch noch bei mir ein kleines Fünklein einiger Zuversicht und eines Andenkens an Gott! Wer weiß, Gott möchte sich meiner dermaleins noch erbarmen!«

Hierauf ist der Geist Mephistopheles zu ihm getreten und hat ihm diese seine Gedanken vorgehalten, sprechend: »Mein Herr Fauste, ich will dir deines jetzigen Vorhabens halber ganz und gar nicht zuwider oder daran hinderlich sein; allein eins bitte ich dich, betrachte wohl, was du in dem vierten Artikel deiner Verschreibung zugesagt und versprochen; das halte, willst du nicht in Unglück geraten. Das Bibelbuch belangend (denn die andern achte ich nicht), soll dir wohl darin zu lesen vergünstiget sein; jedoch nicht mehr als das erste, andere und fünfte Buch Mosis; der andern Bücher aller, ohne den Hiob, sollst du müßig gehen. Den Psalter Davids lasse ich nicht zu; desgleichen im Neuen Testament magst du drei Jünger, so von Taten Christi geschrieben haben, als den Zöllner, Maler und Arzt lesen (der Geist meinte den Matthäus, Markus und Lukas): den Johannes meide; den Schwätzer Paulus und andere, so Episteln geschrieben haben, lasse ich auch nicht zu! Darnach wisse dich zu richten. Darum wäre mein Rat: gleichwie du anfänglich in der Theologia studiert, nämlich in den Schriften der Kirchenväter, daß du darin fortfahren möchtest, diese will ich dir nicht verwehren; so hast du dich auch verschworen, du wollest der Dreifaltigkeit absagen, wollest auch davon nichts reden oder viel disputieren, wie ingleichen von den Sakramenten und andern Glaubenspunkten: so du aber je mit Disputieren dich willst erlustigen, so nimm dazu Anlaß von den Konzilien, Zeremonien, Messe, Fegfeuer und andern dergleichen Glaubenssachen mehr zu reden!«

Doktor Faustus ereiferte sich und sagte: »Ja lieber Gesell, du wirst mir nicht allezeit Maß und Ordnung vorschreiben, was ich hierin tun oder lassen soll!«

Mephistopheles, ganz erzürnt, gab ihm diese Antwort: »So sage und schwöre ich bei meinem höchsten Herrn, der unter dem Himmel ein Fürst, ja ein mächtiger und gewaltiger Fürst, regieret, du mußt dieses meiden und die Bücher, die ich dir verboten habe, verfolgen und darin nicht lesen, oder dir soll etwas begegnen, das dir nicht lieb sein wird!«

Faustus antwortete: »Nun leider sehe ich, wie hoch ich mich an Gott vergriffen und wie vermessentlich ich mich durch jene Artikel verpflichtet habe, daß ich nicht mehr lesen und reden darf, was doch andere frei und ungehindert tun dürfen; ach, was hab' ich getan! – Wohlan,« sagte er weiter, »besagte Bücher der Heiligen Schrift will ich nicht lesen, dazu von Glaubenssachen nicht disputieren; das aber verlange ich von dir, du tuest es gern oder nicht, daß du mir verheißest, mein Prädikant zu sein, und mir alles dasjenige, wovon ich gerne einen Unterricht und Wissenschaft haben möchte, kurz und deutlich berichten, und als ein hocherfahrener Geist lehren«, welches ihm denn der Geist treulich zu tun zusagte.

Da berichtete ihm denn der Geist ausführlich, zu welcher Klasse von Geistern er selbst gehöre, wieviel der bösen Geister seien, warum der Teufel aus dem Himmel verstoßen worden; er erzählte ihm, wiewohl widerwillig und voll Ingrimm, vom Himmel und den himmlischen Heerscharen, von den Engeln vor Gottes Thron, vom Paradies; dann wieder von der Ordnung der Teufel, von ihrer Hoffnung, dereinst noch selig zu werden, und von der Hölle. Da denn der Geist seine Rede mit den nachdenklichen Worten beschloß: »Wenn ich aber ein Mensch geboren worden wäre, wie du, o Fauste, so wollte ich Tag und Nacht meine Hände mit Danksagung gegen Gott im Himmel aufheben, daß er seinen Sohn mit dem menschlichen Fleisch und Blut bekleidet hat; sich des menschlichen Geschlechtes annimmt, daß er es von des Teufel Gewalt erlöse, der Teufel ärgster Feind worden, und dem Menschen das ewige Leben gibt; dagegen muß der Teufel in der Hölle wiederum büßen, was er verderbet hat: solcher Erlösung, mein Herr Fauste, bist auch du teilhaftig gewesen, aber nun, wegen deiner zeitlichen Pracht, Ehrgeizes und Hoffart, hast du solche verscherzt und mußt ohne allen Zweifel gleicher Verdammnis mit dem Teufel, den du hiezu gleichwohl herbeigerufen hast, in der Höllen gewärtig sein.« Auf diese ungescheute Aussage des Geistes schwieg Doktor Faust und entließ den Geist.

Als er aber des Nachts zu Bette gegangen, klangen ihm die Reden des Geistes unaufhörlich in den Ohren, wie ein ferner Sturmwind, worüber er seufzte und also mit sich selbst sprach: »Ach, du elender und verfluchter Mensch, dir hat Gott Leib und Seele gegeben, diese solltest du besser verwahret haben! Zudem, wie hätte doch Gott der Herr seine Güte, Gnade und Barmherzigkeit reichlicher gegen dich ausschütten oder dir zueignen können, denn daß er seinen einigen Sohn in diese Welt gesendet, auf daß er das verderbte menschliche Geschlecht wiederum zurecht brächte, und die Menschen das ewige Leben hierdurch im Glauben erlangen möchten? Dafür sollte ich ja billig, wie der Geist ganz recht gesagt, mein Lebenlang dankbar gewesen sein! Ach! daß ich um eines so kurzen und zeitlichen wollüstigen Lebens willen mich mit dem Teufel also böslich verbunden habe! Nunmehr aber ist es mit meiner Buße und Reue ohne allen Zweifel zu spät. Ach! daß ich nur noch ein kleines Fünklein eines rechten Glaubens hätte zu Christo, oder daß ich Macht und Erlaubnis hätte, mich mit einem Geistlichen zu unterreden, auf daß ich von ihm einigen Trost, oder wohl gar die Vergebung meiner schweren Sünde empfinge! Aber von nun an wird es leider viel zu spät sein!«

So saß denn einmal Doktor Faust, den Kopf in der Hand haltend, daheim in großem Unmut und dachte seinem künftigen bösen Zustand nach, wie er sich so leichtfertig dem Teufel ergeben hätte, der ihn nun nach seinem Gefallen regiere und führe: daher er seinen Geist ob der Mittagsmahlzeit, da er niemand um sich gehabt, fragte, ob ihn denn der Teufel wie andere sichere und gottlose Menschen schon vorlängst auch regiert und besessen hätte?

Dem gab Mephistopheles zur Antwort: »Ja, dein Herz oder vielmehr dein ganzes Leben war von Jugend auf nicht recht beschaffen noch richtig nach Gottes Wort; daher wir es bald eingenommen, denn wir sahen deine Gedanken, womit du umgingst, und wie du niemand sonst zu deinem Vorhaben möchtest gebrauchen können, denn den Teufel; siehe, so machten wir deine Gedanken, womit du umgingst, noch frecher und kecker, auch so begehrlich, daß du Tag und Nacht nicht Ruhe hattest, sondern daß dein Dichten und Trachten nur dahin stand, wie du Zauberei zuwegen bringen möchtest: auch da du hernach uns beschwurest, machten wir dich erst so frech und verwegen, daß du dich eher dem Teufel hättest hinführen lassen, ehe du von solchem Zauberwerk wärest abgestanden: hernach verhärteten wir dein Herz noch mehr, bis wir es so weit gebracht, daß du nunmehr von deinem Vornehmen nimmer würdest abstehen, allezeit dahin trachtend, wie du einen Geist möchtest herbeilocken, bis es uns endlich gelungen, daß du dich mit Leib und Seel' unserm Fürsten Luzifer ergeben; was alles dir denn, mein Herr Faust, nicht unbekannt sein kann!«

»Es ist wahr,« sagte hierauf Doktor Faustus, »nun kann ich aber nicht mehr anders tun, auch habe ich mich selbst gefangen; hätte ich gottseligere Gedanken gehabt, mich mit dem Gebet zu Gott gehalten und den Teufel nicht so sehr bei mir einwurzeln lassen, so wäre mir solches alles nicht begegnet; ei, was habe ich getan!« Da antwortete der Geist: »Da siehe du zu.« Also stand Doktor Faustus zur Stunde vom Tisch auf und ging traurig aus dem Haus hin zu guter Gesellschaft, damit er daselbst seine Schwermut und Melancholie besser vertriebe und die Zeit anders zubrächte.

In Wahrheit hatte aber Faust auch ein herrliches Leben voll zeitlicher Macht und Wollust. In einem schönen, stattlichen Hause bewohnte er zwei Säle, dort vernahm man mitten in der Winterszeit den Zusammenklang eines lieblichen Vogelgesanges; die Amsel, die Wachtel schlug fröhlich, die Nachtigall tirilierte unvergleichlich; der Papagei, gegenüberhängend, redete aufs zierlichste: die Zimmer waren mit den schönsten Tapeten behangen, mit herrlichen Gemälden geziert und mit Kostbarkeiten aller Art ausgestattet. Im Vorhofe des anstoßenden Zaubergartens sah man mit Lust indianische Hähne und Hennen, Rebhühner und Haselhühner, Kraniche, Reiher, Schwäne und Störche, ohne alle Scheu, lustwandeln. Der Garten selbst war nicht sonderlich groß, aber ausbündig herrlich, denn da, wiewohl sonst zur Winterszeit in der Stadt alles mit Schnee bedeckt war, sah man nie Winter, sondern immer nur lustigen, fröhlichen Sommer mit Gewächsen, Laub und Gras und den buntesten Blumen; dazu waren schöne Weinstöcke zu sehen mit mancherlei Trauben behängt, alle schon reif; bunte Tulpen, gefüllte Josephsstäbe, Narzissen und Rosen blühten und flammten dazwischen. An den Mauern des Gartens der Länge nach waren Granaten-, Pomeranzen-,

Limonien- und Zitronenbäume in schnurgeraden Reihen aufgestellt; Kirschen-, Birn- und Apfelbäume standen bunt durcheinander, wie ein Wald, und alle hingen immer voll Früchte. Ja, da mochte man erst Wunder sehen, denn da waren Birnbäume, die trugen Datteln, und junge Kirschbäume, daran hingen Feigen; und wiederum an dichten Apfelbäumen waren zeitige schwarze Kastanien zu sehen. Zu oberst im Hause, da stand ein schmuckes Taubenhaus, darin flogen Tauben aller Art und von den seltensten Farben, und nicht nur zahme, sondern auch wilde Feldtauben aus und ein. Unten aber im Hause, vor einem Stall an der Einfahrt, lag des Doktor Faustus großer Zauberhund, der ihm, wenn er aus dem Hause ging, nicht von der Seite wich. Sein Name war Prästigiar oder Hexenmeister; der hatte Augen ganz feuerrot und graulich, und schwarzes zottiges Haar; wenn ihm aber Faust über den Rücken fuhr, verwandelte sich seine Farbe und wurde bald grau, bald weiß, bald gelblich oder braun, und das Tier machte gar seltsame Sprünge und Gaukeleien, wenn es mit seinem wunderlichen Herrn, der auch seinen eigenen Schritt hatte, dahinpudelte.

Nun lasset euch aber auch eins um das andere von den lustigen Stücken und Teufeleien erzählen, die der Erzschwarzkünstler Doktor Faustus mit Hilfe seines Geistes Mephistopheles da und dort in der Welt ausübte.

Es studierten zu der Zeit, nämlich Anno 1525, drei junge Freiherren zu Wittenberg samt ihrem Hofmeister. Diese, als sie erfahren, daß das kurfürstlich bayerische Beilager mit nächstem sollte zu München vollzogen werden, wie denn bereits dazu allerhand erdenkliche kostbare Zubereitung mit großer Pracht wäre gemacht worden, ging ihnen dieses alles mächtig zu Herzen, und sie waren sehr begierig, etwas von solchem zu sehen, weil allda auf einmal viel zu schauen wäre. Redeten demnach miteinander und wußten doch nicht, wie sie die Sache angreifen sollten; der ein wollte, sie sollten mit ihm ziehen, weil übermorgen der Hofmeister auf eines Freundes Hochzeit, wiewohl nicht weit von der Stadt, verreisen würde; er wollte schon Rosse zu reiten bekommen, bei dem Hofmeister wollten sie sich wohl entschuldigen usf. Der andere war mit diesem wohl zufrieden und verlangte nur Zeit der Abreise, wiewohl ihm des Hofmeisters Abwesenheit im Wege stand. Der dritte aber sprach: »Ihr lieben Herren Vettern, wenn ihr mir folgen wollet, so wüßte ich wohl zu diesem Handel einen guten Rat, wobei wir weder Sattel noch Pferde dazu bedürften, könnten nichtsdestoweniger bald, ehe man es auch allhier unter andern wahrnähme, wiederum zu Hause sein. Euch ist allesamt wohl bewußt, wie Doktor Faustus allhier als ein sonderlicher Freund und guter Gönner der Studenten uns, die wir viel Kurzweil und Ergötzlichkeit zu verschiedenen Malen in seiner Behausung genossen haben, geneigt und gewogen sei, auch was er zuwege bringen und vermittelst seiner, wiewohl in stiller Heimlichkeit gehaltenen, Schwarzkunst verrichten möge. Dieses nun unser Verlangen, das fürstliche Beilager zu sehen, wollen wir ihm vortragen, ihn deswegen beschicken und freundlich darum ansprechen, unter dem Versprechen einer stattlichen Verehrung, so er uns in diesem Stücke zu Willen sein würde.« Dieser Rat mißfiel den zweien andern nicht; es wurde beschlossen, eine stattliche Zusammenkunft zu veranstalten, zu der sie auch den Doktor Faustus beriefen. Nach einem kleinen Umtrunke gaben sie ihm ihr Verlangen und die Ursache seines Beschickens zu verstehen; darein er denn alsobald einwilligte und ihnen aufs möglichste zu dienen zusagte, nur daß sie solches in der Stille halten möchten.

Den Abend nun zuvor, als morgenden Tags darauf das fürstliche Beilager seinen Anfang nehmen sollte, beruft Faustus die drei Freiherren in seine Behausung, befiehlt ihnen, sie sollen sich aufs schönste ankleiden, das denn zur Stunde geschah; bedeutet ihnen zugleich: Er wolle wohl ihres Willens sein und sie in gar kurzer Zeit nach München bringen, aber sie sollten ihm treulich verheißen und zusagen, daß keiner unter ihnen während dieser Fahrt ein Wort reden, auch, ob sie schon in den fürstlichen Palast kämen und man mit ihnen reden würde, daß sie ja keine Antwort geben sollten; wenn sie solches leisten würden, so wolle er sie sicher und ohne Gefahr dahin führen und von da wiederum nach Hause bringen; wo sie aber dem nicht würden nachkommen, sondern während der Zeit etwas reden und sich versehen, so wollte er außer der Schuld sein, und solle alle Gefahr alsdann auf ihrem Halse liegen. Darauf sie denn solches ihm zu tun zusagten und mit aller Pünktlichkeit einhalten zu wollen versprachen.

Vor Tages nun richtete Doktor Faustus seine Fahrt also zu: er legte seinen Nachtmantel ausgebreitet auf ein Beet im Garten seines Hauses, setzte die drei jungen Baronen darauf, sprach noch einmal ihnen tröstlich zu, sie sollten unerschrocken sein und sich nicht fürchten, und nur ihres Versprechens eingedenk sein, nicht zu reden, sie würden bald an dem verlangten Ort sein; und siehe, da erhob sich bald ein Wind, der schlug den Mantel zu, daß sie zusamt dem Faustus darin wohl geborgen lagen, und so hob der Wind den Mantel empor, und fuhren sie miteinander in des ††† Namen, den Doktor Faustus beschworen, fort, erschienen auch nach Verfluß etlicher Stunden, bei schon hellem Tage, in dem Vorhofe des fürstlichen Palasts zu München, ohne daß jemand ihrer gewahr geworden, wie und welcher Gestalt sie dahingekommen. Nachdem sie sich aber dem Palaste genähert und der Hofmarschall ihrer ansichtig geworden, empfing dieser sie gar höflich und ließ sie, als Fremde, durch andere, weil er selbst sehr beschäftiget war, in den obern Saal begleiten. Es kam aber zuerst dem Hofmarschall und nachmals dem Hofjunker, der sie begleitete, wunderseltsam vor, daß sie sogar auf keine

Frage, woher und von wannen sie wären und kämen, etwas antworteten, sondern, gleich als ob sie stumm wären, mit tiefster Reverenz ihre Gegenehrerbietung zu verstehen gaben. Und weil mehr zu tun und nicht Zeit war, der Sache ferner nachzudenken, wurden die Freiherrn dagelassen, bis die Trauung geschehen und es nun an dem war, daß man bei herannahendem Abend zur Tafel sitzen wollte. Nachdem nun die fürstlichen Personen ihre Stelle an der Tafel genommen, und man auch mit dem Handwasser auf Befehl des Kurfürsten (dem indessen der Hofmarschall von diesen drei stummen Herren einige Meldung getan, daß sie sich nicht zu erkennen geben wollten) bis zu ihnen gelangt war, spricht der eine von ihnen, seines Versprechens vergessend, er bedanke sich wegen solcher hohen Ehren zum allerhöchsten! Nun muß man wissen, daß Doktor Faustus, wie oben gedacht, ihnen ausdrücklich befohlen, sie sollten nicht ein Wort reden, und wenn er würde zweimal sprechen: wohlauf, wohlauf, so sollten sie alsobald nach seinem Mantel greifen, sodann würden sie alsbald wieder den Weg unsichtbar fahren, den sie hergekommen; diesem zufolge hatten nun sofort die beiden, auf das an sie ergangene Wort des Faustus, den Mantel ergriffen und fuhren miteinander unsichtbar dahin; der dritte aber, der sich wegen des gereichten Handwassers und der Berufung zur Tafel bedankt, ist ganz erschrocken dahinten gelassen worden.

Es ist leicht zu ermessen, wie diesem Hinterlassenen müsse zumut gewesen sein, zumal es ja nicht lang verschwiegen bleiben mochte, und je einer dem andern von dem Handel etwas in die Ohren lispelte, bis es endlich vor die Ohren des Kurfürsten selbst gelangte, der denn bald Nachfrage halten ließ, wie es mit solchem allen eigentlich beschaffen wäre. Wie sollte aber dieser Halbgefangene auf ein und anderes Ausfragen besser antworten, als mit Verschwiegenheit, weil er leichtlich erachten konnte, wenn er seine Herren Vetter verraten und den ganzen Verlauf entdecken würde, dieses gar bald ihren Eltern und ihnen selbst zu großer Beschimpfung kundgetan werden dürfte? Er getröstete sich dabei, als er auf Befehl des Kurfürsten sofort an einen wohlverwahrten Ort, gleich als in Gefangenschaft geführt wurde, daß seine Vettern ihn nicht lassen würden, sondern den Doktor Faust vermögen, daß er aus seiner Gefangenschaft wieder befreiet werden möchte. Welches denn auch nicht lange nachher geschehen; denn ehe der folgende Tag recht angebrochen, machte sich Doktor Faustus auf, kam an den Ort, wo der junge Freiherr gefangen lag, und als er sah, daß das Gemach mit etlichen von der Leibwache des Fürsten verwahrt war, bezauberte er sie als mit einem süßen Schlaf, eröffnete mit seiner Kunst Schloß und Türe, schlug seinen Mantel um den Freiherrn, der noch gar sanft schlief, und brachte ihn also unvermerkt zu seinen beiden Vettern nach Wittenberg. Darüber waren sie denn sehr erfreuet, bedankten sich aufs höchste und beschenkten den Doktor mit einer ansehnlichen Verehrung.

Wahr ist es, daß der Geist Mephistopheles eben genug zu tun hatte, Geld und Mittel zu verschaffen, daß sein wollüstiger und verschwenderischer Herr genug zu bankettieren und zu verschlemmen hatte; er wollte daher dieses so sehr nicht mehr tun, sondern warf ihm einst mit allem Ernst vor: er wäre nun schon eine lange Zeit her mit aller Kunst und Geschicklichkeit versehen und begabt worden, daß er sich deren wohl bedienen und sich wohl selbst ernähren könnte, ohne daß er, der Geist, hinfort etwas mehr dabei täte; dawider denn Doktor Faustus sich nicht wohl setzen durfte, weil er bei sich bedachte: Es ist wahr, was soll mir meine Kunst und Geschicklichkeit, wenn ich deren nicht gebrauche? wie will denn mein Name ausgebreitet werden? Er ließ es demnach dabei beruhen. Damit er nun beizeiten Geld überkommen möchte, auch solches mit guten Gesellen zu verspielen hätte, wollte er ein Stücklein seiner Kunst seine guten Freunde sehen lassen; er verfügte sich daher mit ihnen zu einem sehr reichen Juden, um bei ihm Geld aufzubringen, obwohl er nicht im Sinn hatte, dasselbe wiederzugeben: er begehrte deswegen von dem Juden sechzig Taler auf einen Monat lang, die wolle er ihm alsdann mit Dank wiederum bezahlen, oder aber sollte er ihm ein Bein statt des Unterpfands abnehmen (welches er selbst nur scherzweise redete, der Jud aber für Ernst aufnahm); und so leihet ihm denn der Jud – nachdem er die andern Anwesenden zu Zeugen angerufen – die Summe.

Als nun die Zeit bereits verflossen, und der Jude, der nichts Gutes ahnte, sich in Doktor Fausts Behausung verfügte, allda sein Geld samt den Zinsen zu holen, empfing dieser ihn aufs freundlichste und sprach zu ihm: »Lieber Jud, ich weiß mich gar wohl zu entsinnen, daß ich dir nach Verfluß dieser Zeit dein Geld samt dem Interesse wiederzugeben versprochen, allein wer kann dafür, daß ich anjetzo nicht bei Geld bin? Willst du nicht länger borgen, so magst du laufen, ich gönne dir eher keine Bratwurst!« Leicht ist zu erachten, daß dieses dem Juden die Galle überlaufen machte, und weil noch zwei andere Juden mit ihm erschienen waren, brach er ganz entrüstet in Drohworte gegen Doktor Faustus aus: er sollte ein für allemal anderen Sinnes werden, oder er wollte sich mit Gewalt an sein versprochenes Unterpfand halten, und das sei einer von seinen Füßen! Doktor Faust stellte sich, als wüßte er nichts hievon, und begehrte von ihm solches auf seiner Obligation zu lesen, weil er's nicht glauben könnte; als er's nun gelesen, sagte er: »Mein Mausche, es ist wahr, ich hab' verloren, weiß dich auch sobald nicht zu bezahlen, deswegen magst du dich an dein Unterpfand halten, und hiermit hast du deinen Bescheid.« Der Jude, ganz rasend, dachte: Ich habe wohl schon ein mehrers als sechzig Taler auf einmal verloren! wollte sich auch kurzweg an sein Unterpfand halten und den Fuß haben; er stellte sich aber nur so, um dem Doktor Faust einen nicht geringen Schrecken einzujagen.

Aber was geschieht? Doktor Faustus tut, als sei ihm bei der Sache ganz wohl, nimmt eine Säge, legt sich auf das Faulbett, gab jene dem Juden und sprach: er sollte nun in aller Henker Namen sein Unterpfand hinnehmen, jedoch mit dieser ausdrücklichen Bedingung, daß ihm der Fuß innerhalb solcher Zeit und sobald er die ganze Summe würde entrichten wollen, wiederum alsobald zu Handen möchte gestellt werden: welches nicht allein der Jude ihm zusagte, sondern stracks darauf als ein rechter Christenfeind über den Schenkel herfuhr, den Fuß mit jüdischer Begierde absägte, das Blut mit einer aufgelegten Salbe stopfte, den guten Faustus aber, seiner Meinung nach halbtot, hinter sich ließ. Der Jude zog samt seinen Gesellen mit dem Fuß fort, dachte unterwegs und sagte zu den andern, was ihm jetzt dieser Stümmel frommen möchte? Der Fuß könnte ihm noch teuer genug zu stehen kommen, wenn Doktor Faust deswegen sterben sollte; deswegen warf er ihn, weil die andern gleiches sagten, als er über eine Brücke nach Hause ging, in ein fließendes Wasser und zog seinen Weg, an nichts anders denkend, als daß er nimmermehr bezahlt wäre.

Mittlerweile, als es dem Doktor Faust Zeit dünkte, sein Unterpfand zu lösen, beruft dieser seinen Gläubiger, den Juden, durch etliche Studenten, seine vertrauten Freunde, wie auch zween Gerichtsbediente, in seine Behausung auf einen bestimmten Tag, wo er dem Juden gegen Zurückgabe seines Unterpfands seine Schuld abstatten wollte. Wer erschrak mehr als der Jude, da er diese unverhoffte Post überkam, und noch viel mehr, da er mit Gewalt mitzugehen gezwungen ward! Faustus aber stellte sich auf des Juden Ankunft sehr verdrießlich und dabei recht ungeduldig, daß der Jude mit dem Fuß so lange ausgeblieben wäre, da er doch schon vor etlichen Tagen das Geld beisammen gehabt und nun nichts anders zu erhalten verlange als sein Unterpfand. Der Jude, weil er's nicht mehr bei Handen hatte, konnte dieses (wie dem Faustus keineswegs verborgen war) nicht mehr herbeischaffen; er stand deswegen in nicht geringen Sorgen, und erbot sich, er wolle die Schuldverschreibung wieder einhändigen und hinfüro der Schuldforderung nicht mehr zu gedenken, sondern sie als bezahlt unterschreiben, nur sollten sie ihm das Unterpfand erlassen. Das war eine angenehme Zeitung für unsern Faustus; der Jude aber machte sich hierauf bald zur Türe hinaus und war froh, daß er so gut davongekommen; Faust indessen stand vom Bett auf, machte sich mit den Studenten nach seiner Weise mit des Juden Geld recht lustig, und alle konnten über den Possen, den Doktor Faust dem Juden angetan, nicht genug lachen.

Gleicherweise spielte er auch einem Roßtäuscher, bald nachher, auf einem Jahrmarkte mit, der zu Pfeifering gehalten wurde. Denn Faust richtete sich durch seine Kunst ein schönes lichtbraunes Pferd zu, mit welchem er auf den Markt geritten kam, eben zu der Zeit, da es am meisten Käufer gab. Er fand ihrer viel, die das Pferd feil machten, und weil es von schöner Höhe, dazu hübsch proportioniert aussah, trieben die Käufer einander hinauf, bis letztlich Doktor Faust mit einem übereinkam, der ihm vierzig Gulden bar bezahlte, dazu sich nicht anders einbildete, als er hätte einen sehr guten Kauf gemacht. Ehe nun Faustus das Geld zu sich zog, bittet er den Roßtäuscher, er sollte das Pferd unter zweien Tagen nicht in die Schwemme reiten, welches ihm der Roßtäuscher versprach und so groß eben nicht auf dies Versprechen achtete, also davonritt und voller Hoffnung war, ein Ansehnliches dabei zu gewinnen. Dem Roßtäuscher fällt unterwegs, da er an ein fließendes Wasser kam, ein, was doch sein Verkäufer damit möchte gemeint haben, daß er das Pferd unter zweien Tagen nicht in die Schwemme reiten solle; wollte es demnach versuchen und also den nächsten Weg durchs Wasser fortreiten: als er nun aber fast in die Mitte des Wassers kam, siehe, da verschwand das Pferd, der Roßtäuscher aber saß auf einem Büschel Stroh und hätte es leicht geschehen können, er wäre in Gefahr geraten.

Der Mann, der vor Erstaunen und Schrecken nicht gewußt, was er tat, nachdem er aus dem Wasser gewatet, lauft spornstreichs zurück in den Flecken, wo der Markt gewesen, gleich dem Wirtshause zu, wo vorher sein Verkäufer gesessen, zur Zeit aber eben auf der Bank lag und tat, als ob er fest schliefe. Der Roßtäuscher, ganz ergrimmt, da er Fausten also liegen und schlafen sieht, erwischt ihn beim Fuß und wollte ihn von der Bank herabziehen, damit er ihm sein Geld wiedergebe; aber da ging jenem der Schenkel gar aus, und fiel der Roßtäuscher mit demselben rücklings in die Stube, darauf denn Doktor Faustus Zetermordio zu schreien anhub, daß die Leute herbeiliefen; der Roßtäuscher aber lief über Hals und Kopf davon, nicht anders meinend, als er hätte dem Faustus den Fuß ausgerissen.

Es studierten damals zu Wittenberg einige vornehme polnische Herren von Adel, welche mit Doktor Faust viel umgingen und gute Kundschaft bei ihm hatten. Nun war eben zu der Zeit die Leipziger Messe: sie verlangten daher sehr, dieselbe einmal zu besuchen, teils, weil sie von ihr oft und viel gehört, teils, weil etliche gedachten, allda von ihren Landsleuten Geld zu erheben. So baten sie denn den Doktor, er wollte doch, wie sie wohl wüßten, daß er's könnte, mit seiner Kunst so viel zuwegen bringen, daß sie dahin gelangen möchten. Doktor Faustus wollte sie keine Fehlbitte tun lassen und schaffte durch seine Kunst, daß des andern Tages vor der Stadt draußen ein mit vier Pferden bespannter Landwagen stand, auf welchem sie getrost aufsaßen und in schnellem Laufe fortfuhren. Kaum aber waren sie etwa bei einer Viertelstunde fortgerückt, da sahen sie sämtlich quer über das Feld einen Hasen laufen, was sie für ein böses Reisezeichen hielten, wie sie denn mit diesen und andern Gesprächen etliche Stunden zubrachten, so daß sie noch vor Abends zu ihrer großen Verwunderung in Leipzig ankamen.

Folgenden Tages besahen sie die Stadt, verwunderten sich über die Kostbarkeiten der Kaufmannschaft, verrichteten ihre Geschäfte, und als sie wieder nahe zu ihrem Wirtshaus kamen, nahmen sie wahr, daß gegenüber in einem Weinkeller die sogenannten Wein- und Bierschröter allda ein Faß Wein, sieben oder acht Eimer haltend, aus dem Keller schroten oder bringen wollten, vermochten aber doch solches nicht, wie sehr sie sich auch deswegen bemühten, bis etwa ihrer noch mehr dazukämen. Doktor Faustus und seine Gesellen standen da still und sahen zu; da sprach Faust (der auch hier seiner Kunst wegen wollte bekannt werden) fast höhnisch zu den Schrötern: »Wie stellet ihr euch doch so läppisch dazu, seid eurer so viel und könnet ein solches Faß nicht zwingen, sollte es doch einer wohl allein verrichten können, wenn er sich recht dazu schicken wollte!« Die Schröter waren über solche Rede recht unwillig und warfen, dieweil sie ihn nicht kannten, mit herben Worten um sich, unter andern: Wenn er denn besser als sie wüßte, solch Faß zu heben und aus dem Keller zu bringen, so sollte er's in aller Teufel Namen tun, was er sie viel zu vexieren hätte? Unter diesem Handel kommt der Herr des Weinkellers herzu, vernimmt die Sache, und sonderlich, daß der eine gesagt, es könnte das Faß einer wohl allein aus dem Keller bringen; deswegen spricht er halb zornig zu ihm: »Wohlan, weil ihr denn so starke Riesen seid, welcher unter euch das Faß allein wird herauf und aus dem Keller bringen, dessen soll es sein!« Doktor Faustus aber war nicht faul, und weil eben etliche Studenten dazugekommen, ruft er diese an zu Zeugen dessen, das vom Weinherrn versprochen worden, ging also hinab in den Keller, setzte sich recht breit auf das Faß, gleich als auf einen Bock, und ritt, so zu reden, das Faß, nicht ohne jedermanns Verwundern, herauf; darüber denn der Weinherr sehr erschrak; und ob er wohl vorwandte, daß dieses nicht natürlich zuginge, mußte er doch sein Versprechen halten, wollte er anders nicht den Schimpf zusamt dem Schaden haben. Also ließ er das Faß mit Wein dem Doktor Faustus verabfolgen, der es denn seinen Gesellen, zugleich auch den Zeugen, den Studenten, zum besten gegeben, welche alsbald Anstalt machten, daß das Faß in das Wirtshaus geliefert wurde, wohin sie noch mehr andere gute Freunde baten und sich etliche Tage davon lustig machten, solange ein Tropfen Wein darin war.

Einst wurde zu Wittenberg bei einer fröhlichen Gesellschaft von einem Studenten des vortrefflichen Poeten Homer Meldung getan, der eben selbiger Zeit auf der hohen Schule gelesen wurde, welcher von vielen berühmten griechischen Helden handelt, und deren rühmliche Taten erzählt, namentlich von Menelaus, Achilles, Hektor, Priamus, Alexander, Ulysses, Agamemnon, Ajax; und lobte einer des Poeten zierliche Redeweise, der andere, daß er darin jene Personen so schön vorgemalt, als wenn sie zugegen wären, und so rühmte der eine dies, der andere ein andres. Alsbald erbot sich

Doktor Faustus, die oben aufgeführten Helden morgenden Tags im Hörsaal in ihrer eigenen Person vorstellig zu machen, welches denn mit höchster Danksagung von allen angenommen wurde. Und da sie deswegen Doktor Faust des andern Tags mit sich in den Hörsaal führten, fing dieser also an zu reden: »Ihr lieben Herren und gute Freunde, weil ihr ein großes Verlangen traget, die trojanischen Kriegshelden und etwa noch andere, deren der Poet Homer sonderlich gedenket, in der Person, wie sie damals gelebet und einhergegangen sind, anzuschauen, so soll euch solches anjetzt gewähret werden; nur daß keiner ein Wort rede, oder jemand zu fragen begehre;« welches sie ihm auch sofort zusagten. Darauf klopfte Doktor Faust mit dem Finger an die Wand, alsobald traten jene griechischen Helden in ihrer grauen, zu jener Zeit üblichen Rüstung einer nach dem andern in den Hörsaal herein, sahen sich zur Rechten und Linken mit halb zornigen und strahlenden Augen um, schüttelten die Köpfe und gingen wiederum wie zuvor nacheinander zur Türe hinaus.

Doktor Faust wollte es dabei nicht bewenden lassen, sondern noch einen kleinen Schrecken hinzufügen, klopfte deshalb noch einmal; bald tat sich die Tür auf, zu welcher halb gebückt der ungeheure greuliche Riese Polyphemus eintrat, der an der Stirne nur ein Auge hatte, mit einem langen, zottigen, feuerroten Bart, der hatte ein klein Kind, das er gefressen, noch mit dem Schenkel am Maul hangen und war so grausam und schrecklich anzusehen, daß ihnen allen miteinander die Haare zu Berge standen, worüber denn Doktor Faustus genug lachte; auch wollte er seine Zuschauer noch mehr ängstigen und schaffte, daß, als Polyphemus wiederum wollte zur Tür hinausgehen, er sich zuvor noch einmal umsah mit seinem erschrecklichen Gesichte und sich nicht anders gebärdete, als wollte er nach etlichen greifen; stieß zugleich mit seinem großen, ungeheuern Spieß wider den Erdboden, daß das ganze Gemach zu schüttern begann. Doktor Faustus aber winkte ihm mit dem Finger, da trat er auch hinaus, und so hatte denn Doktor Faustus seine Zusage erfüllt. Die Studenten waren es alle wohl zufrieden; doch hatten sie genug und begehrten hinfüro keine solche Vorstellung mehr von ihm.

In der Schlossergasse zu Erfurt stand ein Haus, zum Anker genannt, darin wohnte damals ein Stadtjunker, bei welchem, als einem Liebhaber der Schwarzkunst, sich Doktor Faustus oftmals aufhielt, welchen auch dieser Junker stets hochachtete. Es begab sich aber auf einen Tag, daß Doktor Faust, der auch auf der hohen Schule zu Erfurt in großem Ansehen stand, einem andern zu Gefallen nach Prag verreist war; der Junker aber beging eben seinen Namenstag, wozu er denn etliche gute Freunde, allesamt Gönner Doktor Fausts, berufen: diese nun waren bis in die späte Nacht recht lustig und wünschten sämtlich nichts mehr, als daß nun ihr guter Freund Faustus dabei und gegenwärtig wäre, sie wollten noch viel fröhlicher sein.

Einer aber unter ihnen, der bereits einen guten Rausch hatte, nahm ein Glas mit Wein, streckte das in die Höhe und sprach: »O, guter Gesell Fauste, wo steckest du jetzund, daß wir deiner also entbehren müssen? Wärest du allhier, wir würden ohne Zweifel etwas von dir sehen, das unsere Fröhlichkeit vermehren sollte; weil es aber für diesmal nicht sein kann, so will ich dir dies zur Gesundheit gebracht haben; kann es aber sein, so komm zu uns und säume dich nicht!« Darauf tat er einen Jauchzer und trank das Glas aus.

Nach etwa einer Viertelstunde aber pocht jemand an die Haustüre gar stark; ein Diener lauft an das Fenster, zu schauen, wer da wäre; da stieg eben Doktor Faustus von seinem Pferd ab, führte solches bei dem Zügel und gab sich dem Diener, der die Türe öffnen wollte, zu erkennen, mit der Bitte, dem Junker und gesamten Gästen zu sagen, wie der zur Stelle und gegenwärtig wäre, nach dem sie allesamt so sehr verlanget hätten. Der Diener voll Erstaunens lauft eilends und zeiget solches dem Junker und gesamter Gesellschaft an; diese lachen und sagen, ob er ein Tor oder voll Weins wäre? Doktor Faust sei ja verreist und könne nicht über die Mauern herfliegen, nicht er werde es, sondern ein anderer sein. Indessen klopfte Faustus noch einmal stark an, daß also der Junker genötigt ward, von der Tafel aufzustehen; er sah aber kaum zum Fenster hinaus, da nahm er des Doktor Faust beim Mondschein gewahr und schenkte also des Dieners Anbringen Glauben: alsbald ward die Tür geöffnet, Doktor Faustus aber von allen freundlich empfangen und sein Pferd durch den Knecht in den Stall geführt und gefüttert. Die erste Frage war, daß die gesamten Gäste zu wissen verlangten, wie er doch so bald, und ehe sie sich dessen versehen täten, von Prag wiederkäme? Er antwortete kurz darauf: »Da ist mein Pferd gut dazu. Weil mich die sämtlichen Herren so sehr herbeigewünscht, mich auch zum öftern mit Namen gerufen, hab' ich ihnen willfahren und bei ihnen allhier erscheinen wollen, wiewohl ich nicht lang verbleiben kann, sondern bei anbrechendem Tag, der angefangenen Geschäfte wegen, wiederum zu Prag sein muß!« Darüber wunderten sich alle nicht wenig, fingen inzwischen das Spiel wieder an, wo sie es gelassen, waren fröhlich und guten Mutes, dabei nun auch Doktor Faustus das seinige tun wollte, deswegen spricht er zu den Gästen: ob sie nicht auch einmal von fremden und ausländischen Weinen einen Trunk versuchen möchten: es wäre gleich, Rheinwein, Malvasier, Spanischer oder Franz-Wein; worauf sie bald mit lachendem Munde sprachen: »Ja, ja, sie sind alle gut.« Zur Stund' fordert Doktor Faustus von dem Diener einen Bohrer, fängt an, auf die Seiten des Tischblatts vier Löcher nacheinander zu bohren, verstopft solche mit vier Zäpflein und hieß alsdann ein paar Gläser schwenken und herbringen; da diese gebracht waren, ziehet er ein Zäpflein nach dem andern aus: da sprangen die genannten Weine heraus in die Gläser, dessen sich die Gäste höchlich verwunderten, lachten und waren recht guter Dinge, versuchten auch die Weine und genossen derer auf Zusprechen und Versichern Fausts, daß es natürliche Weine wären, mit großer Begierde.

Während solcher Kurzweil, nach Verfluß von drei Stunden, kommt des Junkers Sohn, der spricht zum Doktor Faust: »Herr Doktor, wie muß man das verstehen? Euer Pferd frißt so unersättlich, daß der Stallknecht beteuert, er wollte wohl zwanzig Pferde mit dem, was es bereits gefressen hat, füttern; gleichwohl will dieses alles nicht flecken, ich glaube, der Teufel frißt aus ihm, es stehet noch immer und siehet sich um, wo mehr sei.« Über diese recht ernstlichen Worte, wie sie der junge Mensch vorbrachte, lachten sie alle, Faust aber am meisten, der darauf antwortete: er sollte es nur dabei verbleiben lassen, das Pferd hätte diese Art; es hätte für diesmal genug gefressen, denn sonst würde es wohl allen Hafer von dem Boden hinwegfressen, wenn man seinen unersättlichen Magen füllen wollte. Es war aber dieses unersättliche Pferd sein Geist Mephistopheles. Mit solchen und dergleichen andern Kurzweilen brachten sie die Nacht hin, daß der frühe Morgen bald begann anzubrechen, da tat Fausts Pferd einen hellen, lauten Schrei, daß man es in dem ganzen Hause hören mochte. »Nun,« sagte alsbald Doktor Faustus, »bin ich zitiert; ich muß fort!« und wollte also Abschied nehmen: aber die Gäste hielten ihn auf; da machte er an seinen Gürtel einen Knoten, den Aufbruch nicht zu vergessen, und sagte ihnen noch ein Stündlein zu, nach Verfluß dessen aber fing das Pferd an zu wiehern, da wollte er wieder kurzweg fort, doch ließ er sich erbitten, weil er von einem magischen Stück zu erzählen angefangen, noch ein halbes Stündlein zu verbleiben. Jetzt tat das Pferd aber den dritten Schrei, da wollte sich Faust nicht länger aufhalten lassen und nahm seinen Abschied von ihnen allen; diese bedankten sich bei ihm der unverhofften Einsprache wegen, und gaben ihm das Geleite bis zur Haustüre, da er sich denn auf sein Pferd setzte und immer die Schlossergasse hinaufritt, bis zum Stadttor, das noch nicht geöffnet war; dessenungeachtet schwang sich sein Pferd mit ihm in die Luft, daß, die ihm nachsahen, ihn bald aus dem Gesichte verloren: Faust aber kam noch bei frühem Tage in sein voriges Haus in der Stadt Prag.

Einst reisten einige Kaufleute mit Doktor Faust hinab gen Frankfurt auf die Messe und kamen im Odenwald abends in ein Städtlein, Boxberg; nun lag auf einem Berge daselbst ein Schloß, auf welchem ein Vogt hauste, der der Verwandte eines Kaufmanns unter der Gesellschaft war; dieser, da er gerne seinem Vetter eine Ehre erweisen wollte, berief die ganze Gesellschaft folgenden Tags zu sich auf das Schloß, das hoch lag, und traktierte sie nach bestem Vermögen. Da sie nun einander mit dem Trunk ziemlich zugesetzt und allbereits Abschied nehmen wollten, weil es aussah, als ob ein ander

Wetter kommen wollte, spricht einer unter der Gesellschaft, der indessen zum Fenster hinausgesehen: »Nein, nein, es hat keine Not des Regenwetters halber, es stehet ein schöner Regenbogen am Himmel!« Da Doktor Faustus das vernahm, stand er vom Tisch auf, ging zum Fenster, sah hinaus und sagte: »Was soll es gelten, ich will mit meiner Hand diesen Regenbogen ergreifen!« Die andern, denen die Kunst Doktor Fausts nicht so gar bekannt war, liefen sämtlich vom Tisch, diesem unmöglichen Ding zuzusehen; denn der Regenbogen stand noch weit von da, um die Gegend Boxbergs herum. Bald aber strecket Doktor Faustus seine Hand aus, und siehe, da ging der Regenbogen über dem Städtlein her, gegen das Schloß zu, bis an das Fenster; so daß er den Regenbogen mit der Hand augenscheinlich faßte und gleichsam hielt. Er sagte auch darauf, so die Herren möchten zusehen, so wollte er auf diesen Regenbogen sitzen und davonfahren: aber sie wollten nicht und verbaten sich's. Zur Stunde zog Faust die Hand ab, da schnellte der Regenbogen hinweg und stand wiederum wie zuvor an seinem Ort.

In der Stadt Braunschweig wohnte ein Vornehmer von Adel, der an der Schwindsucht krank lange Zeit danieder gelegen; und ob er wohl alle in und außer der Stadt befindliche Ärzte zu sich gefordert, so wollte doch nichts helfen. Weil denn alle natürlichen Mittel vergebens waren, wollte er sich endlich auch der magischen Kur des damals in der Nähe auf einem Schlosse sich aufhaltenden Doktor Faust, auf den Rat eines guten Freundes, unterwerfen, berief daher diesen schriftlich und unter dem Versprechen einer reichlichen Belohnung, wo er ihm helfen werde, zu sich. Doktor Faustus sandte den Boten gleich wieder nun zurück und versichert den Herrn, daß er bald kommen und nicht säumen wollte: und ob er wohl gute Gelegenheit von dem Herrn des Schlosses sowohl zu reiten als zu fahren hatte, wollte er doch lieber, weil es auch sonst seine Gewohnheit war, zu Fuße gehen. Als er nun von Ferne die Stadt erblickte, ward er gleich hinter sich eines Bauern gewahr, der mit einem leeren Wagen, mit vier Rossen bespannt, gerade der Stadt zufahren wollte; diesen sprach Doktor Faust mit guten Worten an, er sollt ihn auf den Wagen sitzen lassen und ihn, weil er sehr müde wäre, führen bis an das Stadttor. Der Bauer aber schlug es rund ab und meinte, er würde ohne das genug aus der Stadt zu führen haben, könnte nicht erst sich mit ihm verweilen und ihn aufsetzen; wiewohl es dem Doktor Faust nicht ernst war, sondern er machte nur einen Versuch, ob der Bauer so dienstwillig sein würde. Nun tat ihm die grobe Weise und unbillige Antwort des Bauern sehr weh; und er gedachte bei sich selbst: Wart', du grober Esel, du mußt mir herhalten, ich will dich mit gleicher Münze bezahlen; tust du solches einem Fremden, was wirst du sonst tun? Alsobald spricht er etliche Worte, da sprangen die vier Räder zugleich vom Wagen und fuhren zusehend in die Luft hinweg, gleichermaßen fielen auch die Pferde nieder, als wären sie vom

Hagel getroffen worden, und regten sich nicht mehr. Als der Bauer dies sah, erschrak er, wie leicht zu glauben, von Herzen, weinte und bat mit aufgehobenen Händen den Doktor Faust, er solle ihm Gnade erweisen, er wisse wohl, daß er sich grob an ihm, als einem Fremden, versündigt hätte, er wolle es gewiß nicht mehr tun! Was sollte nun Doktor Faustus machen? Er sagte: »Ja, du grober Gesell, tue es hinfüro keinem mehr, was du mir getan hast, ich will diesmal deiner verschonen: damit du aber nicht gar leer ausgehest und zugleich ein Andenken haben mögest, andere Fremde nicht solchergestalt zu traktieren: so nimm immerhin das Erdreich unter deinen Rossen und wirf es auf sie!« Der Bauer gehorcht dem Faust und wirft die Erde auf sie, alsobald richteten sie sich wieder auf. »Aber«, fuhr Doktor Faustus fort, »deine Räder wiederum zu bekommen, gehe der Stadt zu; bei den vier Toren wirst du ein jegliches Rad finden und antreffen!« Der Bauer brachte also den halben Tag zu, bis er seine Räder wieder bekam. –

Als nun Doktor Faust mit obgedachten Kaufleuten gen Frankfurt gekommen, wurde er – wie bei solcher Meßzeit allerhand Gaukler und Abenteurer gemeiniglich erscheinen und zusammenkommen – von seinem Geist Mephistopheles berichtet, daß in einem Wirtshaus bei der Judengasse vier verwegene Gaukler und Schwarzkünstler seien, darunter der eine der Meister, die andern seine Knechte. Diese hieben einander die Köpfe ab, ließen den abgeschlagenen Kopf durch einen dazu bestellten Barbier waschen und säubern und setzten den dem Leibe wieder auf, zu jedermanns Verwundern, welches denn auch diesen Schwarzkünstlern ein großes Geld eintrug, weil viel Herren und auch reiche Kaufleute der Stadt sich dahin verfügten und zuschaueten. Solches verdroß den Doktor Faust nicht wenig, denn er meinte, er wäre allein des Teufels Hahn im Korb; deswegen nahm er sich gleich vor, seine Kunst auch hier sehen zu lassen, und ging dahin, nebst andern dem Handel zuzuschauen. Er sah aber daselbst bald eine rote Decke auf der Erde ausgebreitet liegen. Auf der Seite des Zimmers stand ein Tisch und auf demselben ein verglaster Hafen, darin, wie sie vorgaben, ein destilliertes Wasser wäre, in welchem Wasser vier grüne Lilienstengel standen, die nennten sie die Wurzeln des Lebens.

Nun war es mit dem Handel also beschaffen, daß, wenn einer von den Gauklern niederkniete auf die rote Decke, ging bald der andere herbei und hieb mit einem breiten Schwert diesem den Kopf ab und gab ihn dem Barbier, der ihn zwagen und sogar barbieren mußte. Wenn dieses verrichtet war, gab alsdenn der Barbier dem Meister den Kopf, der solchen den Anwesenden zu beschauen darreichte; inzwischen setzte man den Körper auf einen Stuhl, und wenn es Zeit war, so setzte je einer nach dem andern den Kopf, mit vielen seltsamen Worten und Zeremonien, wieder auf: sobald aber dieses geschehen, sprang eine Lilie aus den vieren in dem Hafen auf dem Tisch in die Höhe, und wurde sobald auch der Leib wiederum ganz; und dieses trieben sie immer so fort, bis es auch an den Meister kam. Diesem nun, ob ihn schon vorher Doktor Faustus sein Leben lang nicht gesehen hatte, wollte er eines versetzen und solchem Gaukelwerk ein Ende machen. Daher, als sie zum andernmal das Kopfabhauen anhuben, und die Reihe nun an dem Meister war, beobachtete er genau, welcher Lilienstengel in dem Hafen dem Meister zugehörte, und als dieser eben niederknien wollte, geht Doktor Faustus unsichtbar hin zu dem Tisch, auf welchem der Hafen mit dem Lilienstengel stand, und schlitzte mit einem Messer des Meisters Lilienstengel voneinander, machte sich hierauf wieder unsichtbar von dannen und zur Türe hinaus, welches auch die Anwesenden nicht gewahr wurden. Der Knecht schlägt indessen dem Meister, wie vorhin mehr geschehen, das Haupt ab, läßt es waschen und barbieren, und will es nun wieder auf den Körper setzen; aber siehe, da fiel es wieder herab. Alle Anwesende, besonders aber die Knechte des Schwarzkünstlers, erschraken in ihre Seele hinein, und noch mehr entsetzten sie sich, als sie entdeckten, daß des Menschen Lilie oder Wurzel des Lebens in dem Hafen voneinander geschlitzt war und der Meister tot auf der Erde lag.

Doktor Faustus kam auf eine Zeit, Geschäfte halber, die er für andere dort zu verrichten hatte, in die Stadt Gotha, etwa um die Zeit des Brachmonats, wo man allenthalben mit dem Heumachen und Einführen beschäftiget war. Eines Tags nun war er, seiner Gewohnheit nach, ziemlich bezecht und ging abends mit etlichen seiner Zechbrüder spazieren vor das Tor hinaus; indem begegnet ihm ein Wagen wohlbeladen mit Heu; Doktor Faustus aber ging mitten im Fuhrwege, daß ihn also der Bauer, der das Heu einführte, notwendig ansprechen mußte, er solle ihm aus dem Weg weichen und seinen Weg nebenhin nehmen. Faust aber zögerte mit der Antwort nicht: »Ich will bald sehen,« sprach er, »ob ich dir oder du mir weichen müssest; höre, Bruder, hast du niemals gehört, daß einem vollen Mann ein geladener Wagen ausweichen solle?« Der Bauer war über die Verzögerung recht unwillig, gab dem Faust viel unnütze Worte, und wenn er nicht gehen wolle, werde er ihm den Weg weisen; Faust aber erwiderte ihm auf der Stelle: »Wie, Bauer, wolltest du erst noch pochen? Mache mir nicht viel Umstände, oder ich fresse dir beim Element deinen Wagen samt dem Heu und den Pferden!« Der Bauer sagte darauf: »Ei so friß auch noch etwas anders dazu.« Doktor Faustus, nicht unbehende, rückte mit seiner Kunst hervor, verblendet den Bauern dergestalt, daß er nicht anders meinte, denn jener habe ein Maul groß wie ein Zuber, und daß er bereits seine Pferde samt dem Wagen und Heu verschlungen und gefressen hätte. Der Bauer erschrak heftig hierüber und entlief eilends, denn er meinte, wenn er lang allda verharren würde, möchte es letztlich auch an ihn selber kommen; eilet deswegen der Stadt und dem Bürgermeister zu, klagt ihm seine Not, wie ihm ein ungeheurer und doch dem Ansehen nach nicht großer Mann begegnet sei, der hab' ihm nicht aus dem Fuhrwege wollen weichen, da er ihn doch darum gütlich angesprochen; darauf habe er ihm bald gedroht, er wolle ihm den Wagen mitsamt den Pferden fressen, wenn er ihm, als einem Trunkenen, nicht ausweichen wolle: wie denn alsdann auch geschehen; er bitte um Rat und um Hilfe.

Der Bürgermeister, als er das vernahm, lachte und spottete noch des Bauern dazu, sagte, das wäre ja nicht möglich! er sei entweder trunken oder nicht bei sich selbst. Der Bauer beteuerte hoch, daß dem also sei, wie er erzähle, berief sich auf seine Nachbarn und andere, die hinter ihm hergefahren wären. Wollte anders der Bürgermeister Ruhe haben, mußte er sich mit dem Bauern dahin verfügen und dieses Wunder anschauen: als sie beide aber etwa einen Bogenschuß fern von da ankamen, siehe, da standen wie zuvor Rosse, Heu und Wagen, unverletzt und unverrückt allda; Faust aber hatte indessen einen andern Weg genommen.

Als aber Doktor Faustus einst wieder auf Wittenberg zu reiste, kam er auf den Abend unterwegs in ein Wirtshaus, darinnen traf er Kaufleute und andere Reisende an; da sie nun zu Nacht miteinander gespeiset hatten und mit dem Trunk einer dem andern ziemlich zugesprochen, da stand der Wirtsjunge jederzeit hinter Doktor Faust, und weil er ihn für einen Abenteurer (das er auch war) ansah, schenkte der Junge ihm allemal das Glas ganz voll ein, womit denn Doktor Faustus nicht zufrieden war; drohete ihm auch, wenn er's noch einmal tun würde, so wollte er ihn mit Haut und Haar fressen. Da nun der Junge seiner spottete und sagte: »Jawohl, fressen!« und ihm darauf abermal zu voll einschenkte, sperrte Doktor Faustus sein Maul auf und schluckte ihn, zum Erstaunen aller, die an dem Tisch waren, hinunter, erwischte darauf den Schwenkkessel mit dem Kühlwasser und sagte: »Auf einen guten Bissen gehöret ein guter Trunk«, und soff den rein aus. Der Wirt, der indessen abwesend gewesen und nichts von allem, was geschehen war, wußte, aber mit Schrecken solches vernahm, redete deswegen dem Doktor Faust ernstlich zu, er solle ihm seinen Jungen wieder herschaffen, oder er wolle etwas anderes mit ihm anfangen. Da sagte Faustus ganz ruhig: »Herr Wirt, gebt Euch zufrieden und sehet hinter den Ofen!« Da fand man dort in dem Schwenknapf den Jungen tropfnaß, voller Schrecken und Zittern, worüber denn die ganze Gesellschaft herzlich lachen mußte.

2

Doktor Faustus war jetzt nicht allein in der Stadt Wittenberg, sondern auch auf dem Land wegen Schwarzkunst und Zauberei verrufen. Deswegen ließen ihn gottesfürchtige und gelehrte Leute durch andere zu unterschiedenen Malen erinnern und warnen, von solchem teuflischen Leben und Wandel abzustehen; unter andern ließ sich eines Tags ein Nachbar desselben, ein frommer alter Mann, die Mühe nicht dauern, sein Heil zu versuchen, ob er diesen elenden Menschen bekehren möchte, zumal er fast täglich wahrnehmen mußte, wie die jungen Bursche und fürwitzigen Studenten in seiner Behausung aus und ein gingen, da sie ja nichts Gutes sehen und lernen würden. Er verfügte sich deswegen an einem Nachmittag zu Doktor Faust, und als er ihm mit freundlichen Worten die Ursache seines Einkehrens zu erkennen gegeben, wurde er auch von diesem freundlich empfangen; und es gehet die Sage, als sei dieser alte Warner der getreue Eckhard gewesen, der schon seit viel hundert Jahren zum Wächter am Venusberge bestellt ist und die unwissenden Menschen warnt und abmahnt, daß sie nicht zu den teuflischen Unholdinnen in den Berg hineingehen: wie denn ein Sprichwort ist, daß man zu einem, der andere getreulich warnet und hütet, gemeiniglich spricht: Du bist der getreue Eckhard, du warnest jedermann.

Leicht ist zu glauben, daß jener dem Doktor Faust allerhand Lehren und Ermahnungen aus Gottes Wort werde vorgebracht und recht unter die Augen gestellt haben, welche auf Abmahnung von seinem bisher so ärgerlich geführten Leben und auf Anweisung zu einem bessern Wandel werden gerichtet gewesen sein; wie denn dieser fromme Alte dem Ansehen nach auch wirklich so viel ausrichtete, daß ihm bei seinem Abschied Doktor Faustus gelobte, er wolle seiner heilsamen Lehre und Ermahnung nachkommen. Auch ist es ihm denn, da er jetzt allein war, solchergestalt zu Herzen gegangen, daß, indem er bei sich selbst erwog, was er doch gedacht habe, daß er sich um nichtiger Wollust willen dem leidigen Teufel ergeben habe, er sich entschloß, Buße zu tun, weil noch Zeit vorhanden, und sein Versprechen dem Teufel wieder zurückzuziehen. Unter solchem Vorhaben erscheint ihm der Teufel, tappt nach ihm, stellt sich nicht anders, als ob er ihm den Kopf umdrehen wollte, warf ihm bald vor, was ihn so ernstlich dazu bewogen hätte, daß er sich dem Teufel ergeben, nämlich sein frecher, stolzer und sicherer Mutwille. Er, Faustus, sei ihm, dem Teufel, nachgegangen, und nicht er, der Teufel, ihm; er habe ihn zu vielen und unterschiedlichen Malen mit Charakteren, Beschwörungen und andern Sachen angerufen und seiner eifrigst begehrt. Zudem so hab' er ja ungezwungen und freiwillig die fünf Artikel angenommen, sich auch hernach mit seinem eigenen Blut verschrieben und verpflichtet, daß er Gott und Menschen feind sein wolle. Diesem Versprechen nun komme er nicht nach, wolle eigenmächtig umkehren, da es doch schon allzu spät und er nunmehr des Teufels eigen sei, der ihn zu holen und anzugreifen gute Macht habe. So wolle denn der Satan Hand an ihn legen, oder aber er soll sich wieder von neuem verschreiben und solches mit seinem Blute bekräftigen, daß er sich hinfüro von keinem Menschen mehr wolle abmahnen und verführen lassen: wo nicht, so wolle er ihn in Stücke zerreißen. Doktor Faustus, ganz voll Erstaunen bei Anhörung dieser schrecklichen Drohworte, bewilligte alles mit bebenden Lippen von neuem, setzte sich nieder, schrieb mit seinem Blut die zweite Teufelsverschreibung, welche nach seinem Tode in seiner Behausung gefunden wurde.

Nachdem er sich also dem Teufel aufs neue mit seinem Blut verschrieben, schlug er alle treue, wohlgemeinte und seiner armen Seelen ersprießliche Warnung jenes gottesfürchtigen Nachbarn in den Wind und geriet, auf Anstiften des verbosten Geistes, gegen diesen alten, ehrlichen Mann in einen solchen Haß, daß er auch nicht ruhen oder rasten wollte, bis er sein Mütlein an ihm gekühlet und ihn womöglich an Leib und Leben gefährdet hätte.

Wie nun, dem Sprichwort nach, ehrlicher Leute wohlgemeinte Straf' und Ermahnung gemeiniglich schlechten Lohn erwirbt, also erging es auch dem ehrlichen Nachbar: denn etwa nach zweien Tagen, als er nach dem Nachtessen zu Bette gegangen und sich allbereit nach gesprochenem Abendgebet schlafen geleget, siehe, da rüstet ihm Doktor Faustus ein solch Poltern und Rumpeln vor der Kammer an, als ob alles über einen Haufen fallen wollte, welches der gute Mann vorher niemal gehört; jedoch ermunterte er sich bald und gedachte bei sich, dies würde gewiß eine Versuchung des Teufels sein, vielleicht, weil er den Nachbar Faust gutherziger Meinung seiner Seelen Wohlfahrt zu bedenken ermahnt habe. In diesen Gedanken kommt das Teufelsgespenst gar zu ihm in die Kammer hinein, grunzt wie ein Schwein und treibt es so lang, daß dem guten Mann angst und bang darüber wird. Allein er erholt sich endlich, gedenkt bei sich selbst: ich werde doch solch Gespenst nicht leicht von mir treiben, als mit Verspotten und Verachten; fängt deswegen an und sagt herzhaft: »Ei, eine solche schöne Musik ist mir mein Lebtag nicht vorgekommen, die lieblicher zu hören gewesen denn diese; ich glaube, du hast sie in einem Wirtshaus bei den vollen Bauern und Zechbrüdern, oder welches glaublicher, bei dem Schweinehirten gelernet; wie ist sie doch so trefflich angestellt, ist sie vielleicht ein höllisches Konzert? Nun wohlan, sing du die Noten, so will ich den Text dazu singen!«

Und so fing der fromme Mann an, mit heller Stimme ein geistliches Lied zu singen. Auf der Stelle schwieg der Teufelsspuk. Jener aber sagte: »Meister Satan, wie gefällt dir dieses Lied? Ich hätte vermeint, du solltest dich mit deiner lieblichen Musik etwa an einen fürstlichen Hof begeben haben, da man vielleicht mehr darauf würde geachtet haben als bei mir! Packe dich von hier und spare solchen Gesang bis zur Auferstehung der Toten und Erscheinung des allgemeinen Richters; wo du alsdann ohne Zweifel in einen

Himmel kommen wirst, wo die Flammen zum Loch ausschlagen!« Mit solchem Gespötte hat der Nachbar das Gespenst vertrieben, und es ist hinfort nicht mehr gehöret worden.

Des andern Morgens fragte Faust seinen Geist, was er bei dem Alten ausgerichtet habe. Da gab ihm der Geist die Antwort: er hätte ihm nicht beikommen können, denn er wäre geharnischt gewesen.

Um diese Zeit geschah es, daß Doktor Faust, zu besserer Betreibung seines Zauberhandwerks, sich einen Famulus beigesellte. Es kam nämlich zur rauhen Winterszeit eines Tags ein junger Schüler vor Fausts Behausung, der sang, selbiger Zeit Gebrauch nach, das Responsorium; diesem hörte eine Weile Doktor Faustus zu, und weil er sah, daß der arme Mensch übel gekleidet und fast erfroren war, erbarmte er sich seiner, forderte ihn hinauf in seine Stube, sich zu wärmen, besprach sich mit ihm, fragte, woher er wäre und wer seine Eltern seien? Worauf der Junge bald antwortete: er wäre eines Priesters Sohn zu Wasserburg, hätte seines Vaters täglichen Ungestüm nicht länger ertragen können usw. Als nun Doktor Faust aus seinen Reden und allen Anzeichen abnahm, daß er eines gelernigen und zugleich verschmitzten Kopfes sei, nahm er ihn zu einem Famulus an und hatte ihn hernach sehr lieb, hauptsächlich, da er nach und nach an ihm wahrgenommen, wie er ganz verschwiegen war und keine Schalkheit seines Herrn offenbarte, ja selbst voll böser Lüste steckte. Darum eröffnete er ihm einst alle seine Heimlichkeit und ließ ihn überdies eines Tags seinen Geist in der gewöhnlichen Mönchsgestalt sehen, worüber jener nicht erschrak, sondern die Erscheinung bald gewohnt wurde. Ja, er verrichtete hernach alle Sachen, wie ihm der Geist befahl, so wohl und mit solchem Fleiß, daß ihn sein Herr, Doktor Faustus, so lieb gewann, daß er ihm vor seinem Tod in seinem Testament alle seine Verlassenschaft vermachte.

Nun Faust einen menschlichen Aufwärter bekommen, konnte er seinen schwarzen Zauberhund Prästigiar, der auch ein Geist war, entbehren und schenkte ihn einem Abte zu Halberstadt, der selber ein Kristallseher war. Dieser Hund war nun in allem dem Abt gehorsam, deswegen er ihn auch sehr lieb hatte; nach Verfluß eines Jahrs aber verfiel er in ein großes Winseln und Seufzen, wollte sich nicht sehen lassen und verbarg sich, wo er nur konnte; der Abt fragte ihn deswegen: wie es doch käme, und wie er's meine? Da gab ihm der Geisterhund zur Antwort: »Ach, lieber Abt, ich habe vermeinet, ich wolle sehr lang in deinem Dienst verharren, aber ich sehe es leider und weiß es, daß es nicht sein kann, und ich also vor der bestimmten Zeit von dir scheiden werde, das wirst du bald und in kurzem erfahren, die Ursach' aber unterlasse ich für dieses Mal!« Wie dem allen sein mochte, ehe acht Tage um waren, fiel der Abt in eine hitzige Krankheit und starb im Aberwitz.

Einsmals besuchte Doktor Faustus wieder mit einigen Studenten, seinen vertrauten, guten Freunden, die Leipziger Messe. Es kam aber eben damals auch daselbst ein vornehmer Kardinal, namens Campegius, an, dem erwies der Magistrat der Stadt alle Ehre. Dieser fuhr des andern Tags aus der Stadt mit seinen Leuten an einen nahe gelegenen lustigen Ort, frische Luft zu schöpfen; weil nun Faust solches erfuhr und er ihn auch gern sehen wollte, ging er mit seiner Gesellschaft zu Fuß hin an denselbigen Ort.

Doktor Faustus gedachte bald bei sich, wie er auch hier sich mit seiner Kunst zeigen und diesem Herrn etwas zu Gefallen tun möchte, damit er von ihm bei seiner Heimkunft zu Rom etwas zu sagen hätte. So sprach er denn zu seinen Gesellen: »Liebe Herren und Freunde, in Ermanglung anderer Kurzweil will ich diesem Fürsten zu Ehren eine sonderbare Jagd anstellen, die doch dem Landesfürsten in seinem Gebiet und den daran haftenden Rechten nicht nachteilig sein soll; ihr aber bleibet allhier stehen und sehet zu.«

Bald darauf zog daher sein Mephistopheles, mit vielen Hunden begleitet, und auch er ging einher wie ein Jäger; Doktor Faustus setzte sein Hörnlein an und blies: zur Stunde sah man in der Luft daherfahren bald einen Fuchs, bald einen furchtsamen Hasen, welchen denn, beide gleichfalls in der Luft, Mephistopheles mit den Hunden, Doktor Faust aber mit seinem Hörnlein immer nachfolgten. Die Hunde ängstigten und trieben die Füchse und Hasen bald so weit in die Höhe, daß man sie kaum mehr sehen konnte, bald kamen sie wieder herab, und hatte der Kardinal, der ohnedies dem Jagen sehr ergeben war, darob eine sonderliche Freude; dies währte fast eine Stunde, alsdann verschwanden die Jäger, die Hunde, die Füchse, die Hasen, und Doktor Faust fuhr wie aus der Luft herab an den Ort, wo seine Gesellen standen und zuschaueten. Dies sah auch der Kardinal, ließ seiner Diener einen dahineilen, um zu fragen, wer doch diese Person wäre. Da ihm nun hinterbracht wurde, daß es der Doktor Faustus wäre, von welchem er bereits viele wunderliche Abenteuer erzählen gehört, erfreute er sich und ließ ihn durch einen Edelmann bitten, daß er auf den Abend sein Gast sein und mit seiner Tafel fürliebnehmen wolle.

Als Doktor Faust erschienen, erzeigte ihm der Kardinal allen geneigten Willen, versprach ihm, wenn er mit ihm nach Rom kommen wolle, daß er ihn allda zu einer hohen Würde befördern wollte, denn er gedachte sich seiner als Wahrsagers zu bedienen. Faust aber bedankte sich höflich und setzte stolz hinzu: er habe Guts und Hoheit genug, denn ihm sei der höchste

Fürst der Welt untertänig. Und damit nahm er unter vielen Reverenzen Abschied von dem Kardinal.

Der löbliche Kaiser Maximilian kam auf eine Zeit mit seiner ganzen Hofhaltung nach Innsbruck, willens, einige Zeit lang da zu verharren und frische Luft zu schöpfen. Weil nun Doktor Faustus auch dazumal seiner Kunst wegen bei Hof sich aufhielt, und ein anderer probehalber bei Ihrer Kaiserlichen Majestät in besonderen Gnaden war, geschah es einst im Sommer nach Jakobitag, da der Kaiser das Nachtessen eingenommen hatte und in seinem Zimmer auf und ab spazierte, daß er den Doktor Faust allein zu sich kommen ließ und begehrte, er soll ihm vermittels seiner Kunst etwas zu Gefallen ausrichten, es werde ihm, bei seinem kaiserlichen Wort, nichts Arges deswegen widerfahren, sondern er wolle es noch mit allen Gnaden erkennen.

Doktor Faustus konnte und wollte ein solches Ihrer Kaiserlichen Majestät nicht abschlagen, und der Kaiser sprach hierauf weiter: »Ich saß neulich in meinen Gedanken und betrachtete in meinem Gemüte, wie meine Vorfahren so hoch in der kaiserlichen Würde und Hoheit gestiegen und zu einem solchen Ansehen bei der Nachwelt gelangt sind, daß ich billig Sorge trage, ob die nachfolgenden Kaiser gleicher Ehre möchten teilhaftig werden; aber was ist dieses alles gewesen gegen die Hoheit und das Glück Alexanders des Großen, der fast die ganze Welt in so kurzer Zeit unter sich gebracht hat? Nun möchte ich herzlich gern den Geist dieses unüberwindlichen Helden, wie auch seiner schönen Gemahlin, wie sie in dem Leben gewesen, sehen und kennen.« Doktor Faust antwortete nach einem kleinen Bedacht, er wolle dieses alles bewerkstelligen ohne einen Betrug, nur dieses bäte er Ihre Kaiserliche Majestät, daß sie ja während der Zeit dieser Vorstellung nichts reden sollten, welches jener auch versprach. Faustus geht indessen vor das Gemach hinaus, erteilt seinem Mephistopheles Befehl, diese Personen vorstellig zu machen und geht wiederum hinein. Bald klopfet er an die Türe, da tat sich diese von selbst auf, und herein schritt der große Alexander, wiewohl nicht groß von Person, jedoch strengen Ansehens; dazu hatte er einen falben Bart; er trat herein in einem ganz vollkommenen köstlichen Harnisch und machte dem Kaiser Reverenz, dieser aber wollte sofort dem Herrn Bruder die Hand bieten und sprang deswegen von seinem Stuhl auf. Faust aber trat eilig dazwischen und verhinderte es.

Als nun Alexanders Geist wieder von dannen gegangen, kam alsobald der Geist der Königin, seiner Gemahlin, herein. Diese machte ebenfalls vor dem Kaiser eine tiefe Reverenz, war angetan mit himmelblauem Samt, über und über mit orientalischen Perlen besetzt; sie war dabei eine über alle Maßen schöne Frau, lieblichen Ansehens und holdseliger Gebärden, daß sich der

Kaiser recht über solcher Schönheit verwunderte. Zugleich fiel ihm ein, wie er öfters von dieser schönen Königin gelesen, daß sie hinten an dem Nacken eine Warze gehabt haben sollte. Er stand daher auf, die Wahrheit dessen zu erfahren, und ging hin zu ihr, und als er die Warze gefunden, ist auch der Geist hinausgegangen: also ist dem Kaiser hierin ein völliges Genüge geschehen, und er bedachte den Schwarzkünstler mit einem recht kaiserlichen Geschenke. Dieses nun wollte Doktor Faust mit Dankbarkeit erwidern und Ihrer Majestät noch eine besondere Ergötzlichkeit verschaffen. Nachdem kurz hierauf eines Abends der Kaiser Maximilian zur Ruhe gegangen und sich in sein gewöhnliches Schlafgemach verfüget, konnte er sich frühmorgens, da er erwachte, nicht besinnen, wo er doch wäre; denn das Schlafgemach war durch Doktor Fausts Kunst zugerichtet als ein schöner Saal, in welchem viel schöne, lustige Bäume von grünen Maien zu beiden Seiten standen, neben andern, die behängt waren mit zeitigen Kirschen und anderem Obst; der Boden des Saals war anzusehen als eine grüne Wiese von allerlei bunten Blümlein; um des Kaisers Bettstatt aber standen noch edlere Bäume, als Pomeranzen, Granaten, Feigen und Limonien, mit ihren Früchten; auf dem Gesims waren zu sehen die allerwohlriechendsten Blumen, und an den Wänden hingen bereits zeitige Trauben.

Leicht ist zu glauben, daß solche unverhoffte Veränderung seines Schlafzimmers den löblichen Kaiser werde haben recht verwundern gemacht, welches denn auch Ursache war, daß er etwas länger als sonst in dem Bette verharret. Er stand aber hernach auf, tat seinen Nachtpelz um sich und setzte sich nahe bei dem Bett auf einen Sessel: indem hörte er lieblichen Gesang der Nachtigall, den anmutigen Zusammenklang anderer singenden Vögel, die denn immer von einem Baum auf den andern hüpften; auch sah er von ferne zu Ende des Saals schneeweiße Kaninchen und junge Hasen laufen; und bald darauf überzog das obere Tafelwerk ein Gewölk. Als nun der Kaiser diesem allem begierig zusah und solchergestalt im Saal sich verweilete, gedachten die Kammerdiener, wie es doch kommen möge, daß ihr allergnädigster Herr vom Bett nicht aufstehe, es müsse ihm etwa eine Unpäßlichkeit zugestoßen sein; sie erkühnten sich deswegen und öffneten sittiglich die Türe des Schlafgemachs: allwo sie denn nicht allein ihren Herrn, den Kaiser, bei guter Gesundheit antrafen, sondern aus der herrlichen Lust allda abnehmen mußten, was die Ursache des Verweilens gewesen: der Kaiser aber ließ alsobald die Vornehmsten am Hof zu sich berufen, die sich denn ebenfalls ob der Zierlichkeit und Lustbarkeit des Saals nicht genugsam verwundern konnten. Allein nach etwa einer Stunde und ehe sie sich dessen versahen, fingen an, die Blätter an den Bäumen welk zu werden und zu verdorren, wie auch die Früchte und Blumen; bald aber kam ein Wind zum Gemach herein, der wehete alles ab, so gar, daß der ganze Zauber in einem Augenblick vor ihren Augen verschwunden und ihnen nicht anders war, als hätte es ihnen geträumt. Dem Kaiser hatte die Lustbarkeit dieses zugerichteten Saals so wohl gefallen, daß er eine gute Weile in Gedanken sitzend nachdachte, wer doch solches zugerichtet haben möge; und als, wie natürlich, sein Verdacht auf Doktor Faustus fiel, ließ er ihn zu sich berufen und fragte ihn, ob er der Meister dieses Werks gewesen? Doktor Faust demütigte sich und sprach: »Ja, allergnädigster Herr, Euer Kaiserliche Majestät hat mich kürzlich wegen eines erwiesenen Kunststücks mit einer ansehnlichen Verehrung begnadiget, dagegen ich mich denn auch, wiewohl schlecht genug, habe müssen dankbar erweisen.« Darob der Kaiser ein gnädiges Wohlgefallen getragen.

Nun ward eines Tages Doktor Faust inne, daß der Kaiser einigen fremden Gesandten und andern Herren zu Ehren ein kostbares Bankett auf den Abend zugerichtet hatte, wobei auch das Frauenzimmer zugegen sein mußte. Es wollte aber bei solcher Fröhlichkeit Doktor Faustus seine Kurzweil auch mit einmengen, wohl wissend, daß es hoher Orten nicht mißliebig sein würde. Er brachte es deswegen durch seine Kunst dahin, daß in dem großen Saal, wo das Mahl gehalten wurde, dem Ansehen nach ein Gewölk hineinrauschte, etwas trüb, gleich als wenn es bald regnen wollte, bald aber darauf zertrennte sich dieses Gewölk, mit Weiß und Blau gemischt, also daß es herrlich anzusehen war; der Himmel stund da ganz blau, und ließen sich die Sterne daran in voller Klarheit sehen, auch nahm man den Mond in vollem Scheine wahr; etwa über eine Viertelstunde hernach überlief das Gewölk wieder, und die Sonne tat einen starken Blitz, daß sich alle versammelten Gäste kreuzigten, bald aber einen schönfarbigen Regenbogen der kaiserlichen Tafel zugehen sahen, der jedoch bald wieder verging. Als nun Doktor Faustus vermerkt, daß bereits der Kaiser und die vornehmsten Herren mit ihm von der Tafel aufgestanden, die Damen aber und die sie bedient und ihnen aufgewartet, sich noch etwas aufhielten, siehe, da überlief das Gewölk durch einen starken Wind abermal und erschien sehr trübe, da es denn bald anfing zu blitzen und zu donnern, ja zu kieseln und stark zu regnen, so daß alle, so in dem Saal zugegen waren, davonlaufen mußten; welches denn dem Kaiser alsobald angedeutet wurde, der, nach einigem Schrecken, wohl inne ward, daß das Wetter ohne Schaden abgegangen und nur ein durch Kunst des Doktor Faust zugerichtetes Gewitter gewesen. Und so hatte er ein besonderes Wohlgefallen auch an dieser Kurzweil.

Einst kam einer von Adel nach Leipzig, und als ihm in dem Wirtshaus über der Tafel von andern erzählt wurde, wie Doktor Faustus, der berühmte Schwarzkünstler, verstorben, und zwar ein erbärmliches Ende genommen hätte, da erschrak hierüber dieser Edelmann von Herzen und sprach: »Ach das ist mir sehr leid, er war dennoch ein guter, dienstfertiger Mann, und mir hat er eine Wohltat erzeigt, deren ich die Zeit meines Lebens nimmermehr vergessen kann. Es war dazumal mit mir so beschaffen; als ich vor sieben

Jahren noch ledigen Stands und unverheiratet war, auch zur selben Zeit zu Wittenberg Studierens wegen mich aufhielt, lernte ich unter andern Freunden auch Doktor Faust kennen, und zwar so, daß er mich, ohne Ruhm zu reden, vor andern recht liebte und mir wohl wollte. Nicht lang hernach wurde ich auf den Ehrentag eines Verwandten nach Dresden eingeladen, auf welchem ich auch erschien, aber ich weiß nicht zu meinem Glück oder Unglück; denn ich kam in ein Verhältnis mit einer adeligen, schönen, tugendbegabten Jungfrau, die mich auch in Züchten ihre Gegenliebe merken ließ, so, daß nach der Einwilligung unserer beiderseitigen Verwandten in kurzem daraus eine Heirat ward. Als ich nun etwa ein Jahr in aller Vergnüglichkeit in friedsamer Ehe lebte, da ward ich einst von zweien meiner Vetter verführt, die Lust hatten, das heilige Land zu besehen, daß ich trunkenerweise, jedoch bei Edelmannswort, zusagte, daß ich mit ihnen dahin reisen wollte; ich hielt auch dies Versprechen unverbrüchlich, und meine Hausfrau, wie sehr sie sich auch dawidersetzte, mußte doch solches endlich geschehen lassen.

Es starben aber nach kaum halbvollbrachter Reise etliche von uns und kamen, kurz zu sagen, mit Mühe und Arbeit nur unser drei an den verlangten Ort; um nun in der Welt auch noch mehr zu sehen, wurden wir darüber einig, unsern Weg über Griechenland nach Konstantinopel zu nehmen, um des Türken Wesen desto besser einzusehen; allein, bei einem Engpaß, durch den wir reisen mußten, wurden wir für Kundschafter angesehen, darüber gefangen, und, mit einem Wort, wir mußten unser hartseliges Leben in schwerer Dienstbarkeit fünf ganze Jahre zubringen. Der eine meiner Vetter starb hierüber, und kam über Venedig die Sage nach Deutschland zu den Ohren meiner Freunde, wie auch meiner Ehefrau, daß ich gewiß gestorben wäre. Nun fanden sich, wie leicht zu glauben, bald Freier, die sich um meine Frau bewarben, und ließ sich auch diese nach halb geendigter Trauer von einem wackern Edelmann aus der Nachbarschaft bereden, daß sie das Jawort gab, und also zur andern Ehe schreiten wollte, wie denn bereits zur hochzeitlichen Feier Anstalt gemacht wurde. Allein was geschiehet?

Diesem meinem alten, guten Freund und Bekannten, dem Doktor Faust, kommt beides zu Ohren, daß ich nämlich wäre in der Türkei verstorben, und daß daher meine Ehefrau sich wieder in ein anderes Eheverlöbnis mit einem von Adel eingelassen hätte; der hatte nun meines vermeinten Todes wegen mit mir ein großes Mitleiden, zumal daß ich in so schwerer Dienstbarkeit solle verstorben sein; forderte deswegen seinen Geist zu sich, fragte ihn, ob dem also wäre, wie die Sage von mir ginge? Ob ich tot oder noch am Leben wäre? Und als er von dem Geist vernommen, daß ich nicht tot sei, jedoch noch immer in harter Dienstbarkeit lebe, daraus ich ohne Zweifel so bald nicht würde erlöst werden, befahl er von Stund' an diesem seinem Geist, daß er sich aufmachen, mich von da erlösen und wieder in mein Vaterland bringen sollte; welches alsobald Mephistopheles zu leisten zusagte und auch redlich gehalten. Denn er kam in Fausts Gestalt, eben um die Mitternachtsstunde, da ich wachend auf der Erde (denn dieses war mein Bett) gelagert war und mein Elend betrachtete, zu mir hinein, und es war um ihn gar helle; ich erschrak und fürchtete mich, den Mann recht anzusehen, erkühnte mich doch dessen einmal, und es dünkte mich, ich sollte diesen Mann zuvor mehr gesehen haben. Er fing aber mit mir an zu reden, darüber ich mich erfreute, weil ich ihn für ein Gespenst hielt, und sprach: »Kennest du deinen alten Freund, den Doktor Faust, nicht mehr? Wohlauf, du mußt mit mir und dich nach ausgestandenem Leid wiederum ergötzen.« Ich kam also von da schlafend getragen in des Doktor Fausts Behausung nach Wittenberg, der empfing mich mit Freuden, zeigte mir zugleich an, wie sich meine Ehefrau bereits vor einem halben Jahr mit einem andern Edelmann verlobet, und am dritten Tage die Hochzeit sein sollte; es wäre demnach große Zeit, mich eilig bei derselben einzustellen, wie ich denn auch folgenden Tags getan. Meine Ehefrau erschrak nun zwar bei meiner Ankunft nicht wenig und wußte nicht, ob ich ihr leibhaftiger Mann, oder aber sein Geist wäre, weil jedermann glaubte, daß ich vorlängst schon der Würmer Speise worden. Weil ich aber meiner Liebsten genugsame Anzeichen sehen ließ, ob schon die Menge der Trübsale meine Gestalt um ein Merkliches verändert; ihr auch den ganzen Verlauf meiner fünfjährigen Gefangenschaft, sowie die erfreuliche Erlösung aus derselben erzählte, so fiel sie mir zu Füßen, bat demütig um Verzeihung, ließ alsbald unser beider Verwandtschaft berufen und entdeckte ihr meine Wiederankunft, erklärte auch darauf selbst, daß sie das zweite Verlöbnis für nichtig und ungültig erkenne. Diesem Ausspruche fiel die ganze Sippschaft bei, und weil der Edelmann an das Gericht appellierte, so bestätigte denselben auch der Richter. Eine solche Wohltat nun, ihr Herren, hat mir der gute Doktor Faustus erzeigt, welche ich ihm die Zeit meines Lebens nicht werde genugsam verdanken noch rühmen können.«

Als einst die erfreuliche Fastnachtszeit herbeigekommen, berief Doktor Faust etliche Studenten, seine vertrauten Brüder und Freunde, traktierte sie aufs beste, und dieses währte bis in die Nacht hinein. Obwohl nun für dieses Mal kein Mangel an irgendeinem Getränk erschien, gelüstete doch den Doktor Faust, eine kurzweilige Fahrt anzustellen, und weil ihm nicht unbewußt war, daß zu jener Zeit der Keller des Bischofs zu Salzburg mit den besten und delikatesten Weinen vor andern versehen wäre, richtete er seine Gedanken gleich dahin und eröffnete deswegen solch Vorhaben den andern, mit der Bitte, sie sollten mit ihm in jenen Keller fahren und allda nur die besten Weine, gleichsam zu einer Ablöschung und Abkühlung, versuchen, er wollte ihnen für alle Gefahr gutstehen.

Den Herren Studenten ging dieses, weil sie Doktor Faust schon lange kannten, daß er's nicht bös mit ihnen meinte, desto eher ein, sie ließen sich leichtlich bereden und waren damit zufrieden. Alsobald führet sie Doktor Faustus hinab in seinen Garten am Hause, nimmt eine Leiter, setzt einen jeglichen auf einen Sprossen, und fuhr also mit ihnen davon; und sie kamen bald nach Mitternacht in dem bischöflichen Keller zu Salzburg an; da sie denn bald ein Licht schlugen und also ungehindert die besten und herrlichsten Weine auszapften und versuchten. Als sie nun sämtlich fast bei einer Stunde gutes Mutes waren, lustig einer dem andern auf die Gesundheit des Bischofs ein Glas nach dem andern zubrachte, siehe da kommt der Kellermeister und eröffnet, ohne an etwas anders zu denken, die Türe des Kellers; will, weil ihn und seine Gesellen der Durst nicht schlafen ließ, noch einen Schlaftrunk holen; findet also diese nassen Bursche allda zechen, die an nichts wenigers gedachten, als wie sie einen guten Rausch so wohlfeilen Kaufs möchten mit sich nehmen. Es war nun beiderseits Entsetzen und Furcht; der Kellermeister erkühnte sich jedoch letztlich und schalt sie Diebe, denen ihr Lohn bald werden sollte; wollte auch gleich zurücklaufen und ein Geschrei machen, daß Diebe vorhanden wären. Dieses verdroß nun den Doktor Faust gar sehr, und noch mehr, da er sah, daß seine Mitgesellen gar kleinmütig zu werden begannen wegen der ihnen drohenden Strafe. Er ermahnte sie daher zum eiligen Aufbruch und befahl, es sollte ein jeder seine Flasche, die er vorher schon mit gutem Wein gefüllt hatte, mit sich nehmen und die Leiter ergreifen, er aber nahm den Kellermeister bei dem Haar und fuhr mit ihnen zugleich davon. Sie zogen aber (wie nachmals der Kellermeister ausgesagt) aus dem Keller in die Höhe, und da sie kurz hierauf über einen Wald hinfuhren, ersah Doktor Faust einen hohen Tannenbaum, auf diesen nun wurde der vor Furcht und Schrecken halbtote Kellermeister gesetzt. Faust aber kam mit seinen Burschen und dem Wein wieder nach Hause; da sie denn erst recht herumzechten, bis der Tag anbrach.

Wie dem guten Kellermeister indessen, bis der Tag angebrochen, auf seinem Baum müsse zumut gewesen sein, ist leichtlich zu erachten, zumal er nicht gewußt, wo und in welcher Gegend er wäre, dazu schier erfroren war; als aber der sehnlich verlangte Morgen anbrach und er nun augenscheinlich sah, daß er ohne Lebensgefahr nicht von dem hohen Baum kommen würde, rief er ohne Unterlaß mit heller Stimme so lang und viel, bis zwei vorübergehende Bauern, welche in die Stadt gehen und etwas von Schmalz und Käse verkaufen wollten, solches vernahmen und also mit höchster Verwunderung diesen Vogel in den Tannenzweigen pfeifen hörten. Die Bauern, weil der Kellermeister ihnen eine gute Verehrung zu geben versprach, eilten desto mehr der Stadt zu, wo sie solches verkündigten, bis sie letztlich gar nach Hofe kamen, allwo sie denn zuerst keinen Glauben fanden, bis man ihnen wegen der Abwesenheit des Kellermeisters, auch der noch halb geschlossenen Türe im Keller, Glauben geben mußte, weswegen eine große Menge Volks sich aus der Stadt mit den Bauern dorthin verfügte, wo der Kellermeister saß, welcher denn mit großer Mühe und Arbeit herabgebracht werden mußte. So sehr man aber mit Fragen ihm zusetzte, so vermochte er doch nicht zu sagen, wer die Diebe gewesen, so er im Keller angetroffen, noch denjenigen zu nennen, der ihn auf den Baum geführt und in solcher Gefahr daselbst gelassen hatte.

Es verfügten sich auch genannte Studenten in der Fastnacht am Dienstag in des Doktor Fausts Behausung, und hatten sämtlich sich vorgenommen, der Zeit das Recht zu tun, und die Fastnacht in aller erdenklichen Lust und Freude zu halten; wozu denn ihnen ohne allen Zweifel Doktor Faustus jeglichen Vorschub tun würde, denn sie wußten wohl, daß er gar freigebig war, wenn er nur selbst hatte, und sich freute, wenn jemand in solchem Vorhaben zu ihm kam; allein sie wurden in ihrer Meinung gar sehr betrogen, weil sie bei dem Nachtessen nichts anders als eine Schüssel mit gesottenem Rindfleisch, auch keinen Wein sahen, ja gar nichts, was man sonst bei solcher Fastnachtszeit Gutes zu speisen und den Gästen aufzutragen pflegte. Es sah immer einer den andern an und konnten nicht begreifen, wie solches gemeint wäre, gedachten aber wohl, daß es Doktor Faust auf eine Schalkheit angesehen habe, welches auch bald sich auswies. Denn er ließ kurz hierauf den Tisch aufheben, einen neuen bereiten und sprach zu ihnen: »Ihr, meine lieben Herren und angenehmen Gäste, ich bitte, ihr wollet mir zugut halten, daß ich euch zum Nachtessen nicht bessere Gerichte hab' lassen vortragen, nichts anders als ein Stück Rindfleisch und einen schlechten Trunk, das ist aber die Ursache gewesen, daß dieses von dem meinigen und aus meinem Beutel gegangen. Nun aber wollen wir erst recht lustig sein, und die liebe Fastnacht einweihen und der Gebühr nach halten, und dieses soll nicht aus meinem Beutel gehen, sondern, weil jetzund zu dieser Zeit große Potentaten und Herren Gastereien und herrliche Mahle halten, also will ich meinen Teil auch dabei haben, es sei ihnen lieb oder leid.« Darauf stellte Doktor Faustus drei Flaschen, eine zu fünf, die zwei andern jede zu acht Maß, in seinen Garten und befahl seinem Geist Mephistopheles, daß er darein ungarischen, welschen und spanischen Wein füllen solle, desgleichen setzte er fünf platte Schüsseln hinaus, darin brachte der Geist nach etwa einer halben Stunde Wildbret und Gebratenes noch fein warm herein; also setzten sie sich sämtlich zu Tische, und sprach ihnen Doktor Faustus zu, sie sollten fröhlich und guter Dinge sein, denn es sei keine Verblendung, sondern seien recht natürliche Speisen und Getränke, wie sie es denn auch gefunden haben; denn sie verfuhren mit Wein und Speisen dergestalt, daß nicht viel von allem übergelassen wurde, und sie ganz toll und voll fast gegen den Tag erst nach Hause gegangen.

Am folgenden Aschermittwoch, als der rechten Fastnacht, kamen diese guten Brüder abermals zu Doktor Faust, gaben vor, sie müssen der Zeit ihr Recht tun und also wieder anfangen, wo sie es gestern gelassen hätten; und weil Doktor Faust sich noch einmal recht fröhlich erzeigen wollte, ließ er den Tisch decken, mit Bitte vorlieb zu nehmen, was man auftragen würde. Nebst zwei Braten wurde auch in die Mitte ein schöner, großer, gebratener Kalbskopf aufgesetzt, und der Studenten einer gebeten, solchen zu zerlegen. Als aber dieser das Messer ansetzte, fing der Kalbskopf mit lauter Stimme an zu rufen: »Mordio, Helfio, Auweh, was hab' ich dir getan?« daß die Studenten recht von Herzen darüber erschraken; weil sie aber sahen, daß Doktor Faust schier vor Lachen ersticken wollte, konnten sie bald erraten, wie es damit beschaffen sein müsse, und lachten deswegen auch mit.

Indessen fing Doktor Faust sein Gaukelspiel an, die Gemüter seiner Gäste zu erlustigen; erstlich hörten sie in der Stube allerhand musikalische Instrumente, da man doch nicht sehen noch wahrnehmen konnte, wo es herkäme; ja sobald ein Instrument aufgehört, kam ein anderes; wenn dann die Violen etwa einen lustigen Tanz machten, da sprangen und hüpften die Gläser und Becher auf dem Tisch, und so einer oder der andere den Becher, damit der Wein, seiner Meinung nach, nicht verschüttet würde, mit der Hand festhalten wollte, mußte er auch mithüpfen, so daß ein großes Gelächter entstand. Nach solcher Kurzweil nahm Doktor Faustus zehn irdene Häfen, die stellte er mitten in die Stube; da huben die an zu tanzen und aneinander zu stoßen, daß sie in Stücke zerbrachen. Zum dritten ließ er einen Haushahn im Hofe fangen, den stellte er auf den Tisch; als er ihm aber zu trinken gab, hub er an, ganz natürlich zu pfeifen und Tänze zu machen. Danach richtete Doktor Faust wiederum eine Kurzweil an und legte eine Harfe auf den Tisch; da kam ein alter Aff' in die Stube herein, der machte viel gute Possen darauf und tanzte dazu sehr zierlich.

Weil nun mit solchen und anderen Späßen etliche Stunden von dem Mittag an verlaufen, die Zeit aber zum Abendessen bereits vorhanden war, so wurden sie zu solchem berufen, da doch der Gäste keinen hungerte, außer daß zwei oder drei nach einem Gerichte Vögel gelüstete; da nahm Doktor Faust eine Stange, die reichte er zum Fenster hinaus, pfiff zugleich aus einem Pfeiflein; alsbald kamen viele Trosteln und Krammetvögel hergeflogen, und welche auf die Stange saßen, die mußten bleiben; diese nahm er denn herein, und die Studenten halfen solche würgen und rupfen, der Famulus aber briet sie. Nach dem Nachtessen, und als man die Küchlein aufgetragen, beschlossen sie, daß sie miteinander in die Mummerei gehen wollten, wie denn gebräuchlich war, und zog ein jeder auf Geheiß Doktor Fausts ein weißes Hemd an; als aber die Studenten einander ansahen, gedachte einen jeden, er habe keinen Kopf, gingen also miteinander in etliche vornehme Häuser, Fastnachtküchlein zu holen; darob denn die Leute sehr erschraken;

nachdem man aber solche Gäste, der Gewohnheit nach, zu Tische gesetzet, hatten sie ihre erste Gestalt wieder, und man kannte sie; bald aber wurden sie abermal verändert und bekamen rechte Eselsohren, großmächtige Nasen usf., das trieben sie bis in die Mitternacht hinein, da sie dann voll und toll nach Hause zogen.

Als am Donnerstag, den folgenden Tag, Doktor Faust noch immer seine Fastnacht hielt und die Studenten wieder beieinander versammelt waren, traktierte er sie wie des vorigen Tags, fing auch seine Gaukelei wieder an, und so kamen in die Stube herein dreizehn Affen, diese gaukelten so wunderbarlich, daß dergleichen nie gesehen worden, denn sie sprangen immer einer auf den andern und tanzten danach in einer Reihe um den Tisch herum, dann sprangen sie zum Fenster hinaus und verschwanden.

Weil es aber damals fast den ganzen Tag über geschneit hatte und also ein dicker Schnee lag, rüstete Doktor Faust mit Zauberei einen schönen, großen Schlitten zu, der hatte eine Gestalt wie ein Drache, auf dessen Haupt saß Faust selber, und mitten innen die Studenten; dabei waren vier Affen, auf dem Schwanz des Drachen sitzend, die gaukelten aufeinander, ganz lustig zu sehen, unter welchen einer auf der Schalmei pfiff, der Schlitten aber lief von sich selbst, wohin sie wollten; dies währte lang in die Nacht hinein, mit solchem Klappern, daß einer vor dem andern nicht hören konnte, und sie gedachten sämtlich, sie hätten in der Luft gewandelt.

Doktor Faustus verbrachte indessen, je näher das Ende seines Bündnisses herzunahete, je mehr und mehr nach Sankt Epikurs Regel, ein rohes, sicheres und wüstes Leben, daß er das tägliche Vollsaufen, Spielen und Buhlen für seine höchste Ergötzlichkeit hielt. Er ersah aber zu dieser Zeit in seiner Nachbarschaft eine schöne, doch arme Dirne, welche vom Land herein in die Stadt gekommen und sich in Dienste bei einem Krämer begeben hatte; diese gefiel nun Doktor Faust über die Maßen wohl, daß er nach ihr auf allerlei Weise und Wege trachtete und sie zu eigen haben wollte. Die Jungfrau aber wollte niemals, was man ihr auch versprechen mochte, in seinen sündlichen Willen sich fügen, sondern sie blieb ehrlich und wollte nur von der Ehe hören. Dazu rieten dem verliebten Faustus denn endlich auch seine guten Brüder und Freunde: der Geist Mephistopheles aber, als er dieses vermerkte, sprach unverzüglich zu Doktor Faust: was er nunmehr, da die versprochenen Jahre bald zu Ende sein würden, aus sich selbst machen wolle? Er solle gedenken an seine Zusage und sein Versprechen, zudem, so könne er sich in keinen Ehestand einlassen, dieweil er nicht zwei Herren zugleich dienen könne; »denn der Ehestand ist ein Werk des Höchsten, den wir Teufel aufs höchste hassen und verfolgen. Derohalben, Fauste, siehe dich vor: wirst du dich versprechen zu verehelichen, so sollst du gewiß von uns zu kleinen Stücken zerrissen werden. Denke doch bei dir selbst, wie der Ehestand eine so große und schwere Last auf sich hat, und was jederzeit für Unlust daraus ist entstanden, Unruhe, Widerwillen, Zorn, Neid, Uneinigkeit, Sorge, Zerstörung der fröhlichen Herzen und Gemüter, und was dessen mehr ist.«

Dem allen gedachte zwar Doktor Faustus eine Weile nach, er wollte aber doch auf seiner Meinung verharren, wendete auch das Rauhe heraus und sagte dem Geist: »Kurzum, ich will mich verehelichen, es folge gleich daraus, was da wolle,« gehet damit hinweg und in seine obere Stube. Was folgte aber hierauf? Alsbald gehet ein großer Sturmwind seinem Hause zu, als wollte er's zugrund werfen, es sprangen inwendig alle Angeln der Türe auf, und ward das Haus voller Feuer. Doktor Faust lief die Stiege hinab, wollte die Haustüre suchen und davonlaufen, da erhaschet ihn ein Mann, der warf ihn zurück wie einen Ball in die Stube hinein, daß er weder Hände noch Füße regen konnte; um ihn her ging allenthalben Feuer auf, gleich als ob er jetzt verbrennen sollte; er schrie in diesen Nöten seinem Geist zu um Hilfe, er solle die Gefahr nur diesmal von ihm abwenden; dann wolle er versprechen, hinfort in allem nach seinem Willen zu leben.

Da erschien ihm der Fürst Luzifer ganz schrecklich und leibhaftig, so grausam anzusehen, daß er auch seine Augen vor ihm zuhielt und seines elenden Endes gewärtig war. Darauf ließ sich Luzifer also vernehmen: »Sage nun an, wes Sinnes bist du?« Doktor Faustus, ganz kleinmütig und erschrocken, auch mit zugetanen Augen, antwortet: »O, du gewaltiger Fürst dieser Welt, verlängere mir meine Tage, du siehest, daß ich ein verkehrtes, wankelmütiges Menschenherz habe, daß ich auf andere Gedanken, welche dir zuwider sind, gefallen bin, hab' aber das Werk noch nicht erfüllt; deswegen bitte ich dich, du wollest noch zur Zeit nicht Hand an mich legen, ich kann bald andern Sinnes werden.« Der Satan gab hierauf die Antwort mit kurzen Worten: »Wohlan, siehe zu, daß dem also sein möge, und beharre darauf, das sage ich dir bei meiner Gewalt;« und also verschwand er samt dem Feuer.

Damit nun der elende Doktor Faustus seinen Lüsten genugsamen Raum geben, und er also des Verheiratens ganz und gar vergessen möchte, gibt ihm der Satan den Gedanken ein, wie er doch die schöne Helena aus Griechenland, von welcher noch heutigentags die Welt so viel zu sagen weiß, nicht allein sehen, sondern gar zu einer Liebsten bekommen möchte. Eines Morgens frühe forderte er deswegen seinen Geist zu sich und entdeckte ihm sein Vorhaben, mit der Bitte, es dahin zu bringen, daß hinfüro die schöne Helena, König Menelaus' Gemahlin, um welcher willen die herrliche Stadt

Troja zugrunde gegangen, in eben der Gestalt, wie sie im Leben gewesen, sein eigen werden möchte: welches denn der Geist zu tun versprach.

Des andern Tags meldet Mephistopheles dem Doktor Faust an, daß er nun seinem Begehren eine Genüge zu tun bereit wäre, und ihm die schönste Griechin selbiger Zeit herbeischaffen wollte, mit welcher er die folgende Zeit seines Lebens in aller Ergötzlichkeit zubringen möchte: und folgte ihm also die Königin auf dem Fuße nach, so wunderschön, daß Doktor Faust nicht wußte, ob er bei sich selbst wäre oder nicht. Diese Helena erschien denn in einem köstlichen Purpurkleid, ihr Haar hatte sie herabhängen, welches herrlich goldfarb schien, auch so lang war, daß es ihr bis in die Kniebeuge herabhing, mit schönen, kohlschwarzen Augen, holdseligem Angesicht und lieblichen Wangen; sie war eine schöne, länglichte, gerade Gestalt, und war kein Tadel an ihr zu finden. Als nun Doktor Faustus solches alles sah und wohl betrachtete, hat diese verzauberte Helena ihm das Herz dermaßen eingenommen und gefangen, daß er zur Stunde in heftiger Liebe gegen sie entzündet wurde, und mit ihr bald anfing zu scherzen, ja nachgehends sie wie sein eigenes Weib hielt, und sie so lieb gewann, daß er schier keinen Augenblick von ihr sein konnte noch wollte, und also dabei alles Verehelichens vergaß. Etliche Monate strichen indessen vorbei, als ihm einst von ihr berichtet wurde, daß sie ihm ein Kind gebären würde. Faust hielt dieses für unmöglich, denn er wußte ja, daß sie keine natürliche, leibhafte Person wäre.

Nachdem er aber gesehen, daß sie fast zu Ende des Jahrs von Geburtsschmerzen überfallen wurde, auch bald darauf eines Sohns genesen, erfreute er sich höchlich darüber und nannte ihn Justus Faustus. Welcher aber hernach, nach seines Vaters elendem Tode, zugleich mit seiner vermeinten Mutter verschwunden.

3

Oben ist erzählt worden, wie Doktor Faustus einen jungen Menschen, der damals um Brot sang, jedoch eines fähigen, verschmitzten Kopfes war, mit Namen Christoph Wagner, zu einem Famulus angenommen, dem er auch, weil er seine Verschwiegenheit mehr als einmal erfahren, seine meisten heimlichen Sachen, Schriften und Bücher nach der Zeit anvertraute; und weil jener sich allewege wohl in seines Herrn Kopf zu schicken wußte, ja zu dieser und jener Schalkheit seinem Herrn treulich half, hat ihn dieser sein Herr sehr geliebt und ihn als seinen Sohn gehalten.

Als sich nun die Zeit mit dem Doktor Faust ändern wollte, weil bald das vierundzwanzigste Jahr seiner Verschreibung zu Ende ging, berief er einen bekannten Notarius, daneben etliche gute Freunde aus den Herrn Studenten, und vermachte in deren Gegenwart seinem Famulus Wagner Haus und Garten, bei dem Eisentor in der Scheergasse an der Ringmauer: item, was an Barschaft, liegender und fahrender, an Hausrat, silbernen Bechern, Büchern usf. da war. Nachdem nun das Testament aufgerichtet und bekräftiget worden, berief er nochmals seinen Famulus zu sich, hielt ihm vor, wie er ihn in seinem Testament wohl bedacht hätte, dieweil er sich, solang er nun bei ihm gewesen, wohl verhalten und sonderlich seine Heimlichkeit nicht geoffenbaret hätte. Jedoch solle er noch überdies von ihm etwas bitten, er wolle ihm's gewiß nicht abschlagen. Da begehrte der Famulus seines Herrn Kunst und Geschicklichkeit, und daß er ein solches Leben, wie Doktor Faustus geführt, auch zu führen möchte in den Stand gesetzt werden. Darauf antwortete ihm Doktor Faustus: »Wohlan, lieber Sohn, ich habe viel Bücher und Schriften, die ich mit Mühe und großem Fleiß zusammengebracht, diese nimm in acht, doch behalte sie bei dir und schaffe damit deinen Nutzen, studiere fleißig darin, so wirst du außer allem Zweifel das lernen und bekommen, was ich habe gekonnt und zuwege gebracht. Denn diese nekromantischen Bücher und Schriften sind nicht zu verwerfen, sondern in hohem Wert zu halten, obschon die Geistlichen solche verwerfen, und nennen sie die Schwarzkunst und Zauberei, ein Teufelswerk: daran kehre du dich nicht, mein Sohn, brauche dich der Welt und laß die Schrift fahren. Denn die Nekromantie ist eine hohe Weisheit und ist im Anfang der Welt aufgekommen, ja nur von den Allergelehrtesten getrieben und geübt worden, die auch dadurch bei aller Welt in großes Ansehen gekommen sind; forsche nur fleißig darin, die werden dich schon unterrichten, wie du auch zu solcher Kunst kommen und gelangen mögest. Danach sollst du, mein lieber Sohn, wissen, weil meine versprochenen vierundzwanzig Jahre nach weniger Zeit werden zu Ende gelaufen sein, daß alsdann mein Geist Mephistopheles mir weiter zu dienen nicht schuldig ist; derohalben kann ich auch dir solchen nicht verschaffen, wie gern ich's gleich täte; jedoch will ich dir einen andern Geist, so du einen verlangest, zuordnen: halte dich nur nach meinem Tod fein bescheiden, sei verschwiegen und still, und ob man schon bei dir meine hinterlassenen Zauberbücher und Schriften von Obrigkeits wegen suchen wollte, so werden doch alle diejenigen, die solche zu suchen gesendet werden, also verblendet werden, daß sie deren keines nimmer finden.«

Nach dreien Tagen fragte Doktor Faust seinen Famulus, den Wagner, ob er noch willens wäre, einen Geist zu haben, der um und bei ihm wohnen sollte, und in welch einer Gestalt er ihn gern haben möchte? Wagner antwortet hierauf mit Ja: »Mein Verlangen«, spricht er, »ist nach einem sittsamen und unbetrüglichen Geist; auch daß er die Gestalt eines Affen an sich haben möchte.« – »Wohlan,« sprach Doktor Faustus, »so sollst du den bald sehen.«

Zur Stund' erschien ein Affe mittelmäßiger Größe, der sprang behende zur Stube herein; da sprach Doktor Faust zu dem Famulus: »Siehe, da hast du ihn, nimm ihn hin, doch wird er dir noch zur Zeit nicht zu Willen werden, bis erst nach meinem Tod, und diesem gib den Namen Auerhahn, denn also heißet er. Daneben bitte ich dich, daß du meine Kunst, Taten und wunderliche Abenteuer, die ich bisher getrieben, wollest fleißig aufzeichnen, sie zusammenschreiben und in eine Historie bringen, dazu denn dir dein Geist Auerhahn treulich helfen wird; was du etwa vergessen haben möchtest, dessen wird er dich fleißig erinnern und in allem dir behilfliche Hand leisten. Allein offenbare solches eher nicht, denn nach meinem Tod; ich weiß gar wohl, daß man meine Geschichten und Taten von dir allerorten her wird haben wollen.«

Doktor Faustus konnte leichtlich erachten, daß seine Abenteuer nach seinem Tod beschrieben und der Nachwelt überlassen würden, wodurch er denn einigermaßen in seiner Betrübnis, wegen seines herannahenden erbärmlichen Endes, getröstet wurde, daß er also doch einen Namen möchte überkommen. Solchen noch ansehnlicher zu machen, berief er seine Freunde, etliche Studenten, denen prophezeite er in Kraft seines Geistes von allerlei Veränderungen in geist- und weltlichen Ständen, welche inskünftig, nach seinem Tode, geschehen würden.

Solche Prophezeiung haben sie fleißig und mit Verwunderung angehöret, auch durch den Famulus Doktor Fausti von Wort zu Wort aufschreiben lassen, wie sie dieselbe denn auch hernach unter sich ausgeteilt und an andere Orte verschickt haben.

Die Glocke war nun einmal gegossen, und das Stundenglas Doktor Fausts lief nunmehr aus, denn er hatte nur noch einen Monat vor sich, nach welchem seine vierundzwanzig Jahr zu Ende waren. Über dieser Rechnung brach ihm der bittere Angstschweiß aus, und war ihm alle Stund' und Augenblick' gleich als einem Mörder, der der Strafe des Todes, die ihm bereits in dem Gefängnis ist angekündigt worden, gewärtig sein muß: indem er nun solches beherzigte, gehet seine Stubentür auf und tritt herein Luzifer in selbsteigener Person, so ganz schwarz und zottigt, gleich als ein Bär, der erhub seine gräßliche Stimme und sprach zu ihm: »Fauste, du weißt dich noch wohl zu erinnern, wie verstockt, ehrgeizig, auch gottesvergessen du im Anfang gewesen, und hast dich an Gottes Gaben nicht lassen begnügen, sondern bist oben hinausgefahren, hast mir auch keine Ruhe gelassen, bis du mich beschwurest, dir in allem zu Willen zu sein; da mußt du nun selbst sagen und bekennen, daß solch dein Begehren dir durch mich ganz reichlich sei erfüllet worden, ja, daß ich dir ganz keinen Mangel gelassen, alle Wollust nach deines Herzens Begierde dir verschafft habe; ich bin dir in aller

Gefährlichkeit beigestanden, hast mehr gesehen und erfahren, denn je einer erfahren hat: ich habe dich hervorgezogen bei männiglich, hohen und niedern Standes, daß du allenthalben wert und angenehm warest, das alles mußt du selbst sagen und bekennen. Weil nun aber deine bestimmte Zeit der vierundzwanzig Jahre bald wird aus sein, wo ich mein Pfand nehmen und holen will, also kündige ich anjetzo dir meinen Dienst auf, den ich dir doch jederzeit treulich habe geleistet; so halte du mir auch treulich, was du mir versprochen hast. Dein Leib und Seele ist nun mein, darein gib dich nur willig; und ob du schon wolltest hierüber unwillig werden, so beschwerest und kränkest du nur dein Herz desto mehr. Und so lade ich dich denn vor das Gericht Gottes, da gib du Rede und Antwort, weil ich an deiner Verdammnis nicht schuld habe; und wenn die bestimmte Zeit sich wird verlaufen haben, will ich mein Pfand hinwegnehmen und holen.«

Doktor Faustus konnte vor Schrecken und Herzensbangigkeit nicht wissen, wo er daheim wäre; und als er wieder zu sich kam, hub er mit leiser Stimme als ein verzweifelter Mensch an zu reden und sprach: »Ich hab' solches alles gefürchtet, also wird es mir auch gehen; ach, ich bin verloren, meine Sünden sind größer, denn daß sie mir könnten vergeben werden.« Als nun inzwischen der Teufel verschwunden, und sein Famulus, der Wagner, solches alles gesehen und mit angehöret hatte, sagte dieser zu seinem Herrn: er sollte nicht so kleinmütig sein und verzagen, es wäre noch wohl Hilfe da, er sollte seine vertrauten Freunde, die um ihn schon eine geraume Zeit gewesen, beschicken, ihnen die Sache, wie sie wäre, entdecken, damit er von ihnen, oder so sie nach Bedarf in der Stille einen gelehrten Magister mitbrächten, Trost aus der Heiligen Schrift haben und nehmen möchte, und, ob ja der Leib müßte eingebüßt werden, die Seele wenigstens erhalten würde. Dem antwortete der geängstigte Doktor Faustus bitterlich weinend und sprach: »Ach, was hab' ich getan, wohin hab' ich gedacht, daß ich wegen einer so kurzen Zeit, gleich als wegen eines Augenblicks, die Seligkeit habe verscherzt, da ich doch vielleicht auch mit andern Auserwählten der Himmelsfreude hätte genießen können! Wie hab' ich doch so schändlich von wegen einer so kurzwährenden Wollust der Welt die unaussprechliche Herrlichkeit der ewigen Freude verscherzt! Es ist nunmit aus.« Und so wollte dieser elende Mensch verzweifeln, jedoch richtete ihn aufs möglichste sein Famulus auf, und getröstete sich des bald ankommenden Beistandes der Studenten.

Als nun der Famulus zu einem und andern von den Studenten gegangen, ihnen in höchster Stille den ganzen Handel erzählt, sind sie darüber von Herzen erschrocken, und hat keiner sich mehr zu Doktor Faust verfügen wollen, damit ihnen nicht auch ein Abenteuer begegne, denn sie wußten wohl, daß mit dem Teufel nicht zu scherzen wäre. Der Famulus aber hielt inständig an; damit nun der trostlose Doktor Faustus nicht gar ohne Trost gelassen würde, nahmen sie zu sich einen gelehrten Geistlichen, dem sie alles offenbarten, und baten ihn, daß er dem Doktor Faust, von welchem sie etliche Jahr her viel Freundschaft genossen hätten, recht gründlich aus der Heiligen Schrift zusprechen und also dem Teufel begegnen möchte. Da diese nun, miteinander kommend, den Doktor Faust in der Stube auf seinem Sessel sitzen sahen, wo er wie ein wilder Stier sie ansah, die Hände zusammendrückte und oft seufzte, hatten sie alle ein herzliches Mitleiden mit ihm, und nachdem sie Sitze eingenommen, sprach der Magister zu ihm: Er solle solche Schwermütigkeit seines Herzens ablegen, es wäre ihm noch wohl zu helfen und zu raten: er solle nur mit festem Glauben und Vertrauen auf Gottes Barmherzigkeit und Christi teures Verdienst hoffen und also dem Satan Widerstand tun, weil Gott ja niemand ausschließe, sondern wolle, daß eben allen Menschen geholfen werde: und sprach ferner zu ihm, er solle sich fein vor Gottes Angesicht demütigen, sich für einen armen, großen Sünder bekennen, und herzliche wahre Reue über die begangenen Sünden zeigen; und wenn denn gleich der Teufel käme; »wie er gewißlich nicht lange ausbleiben wird, und Euch, Herr Doktor, anklaget und spricht: ›Siehe, Fauste, du bist ein gar zu großer Sünder, du hast es mit deinen mutwilligen Sünden gar zu grob gemacht, darum mußt du verdammt sein und bleiben‹; so begegnet ihm und antwortet getrost: Ja, Satan, eben darum, daß du mich für einen so großen Sünder anklagest und kurzum verdammen willst, will ich nicht verdammt, sondern vielmehr selig werden; denn ich halte mich an Christum, der sich selbst für meine und der Welt Sünde dargegeben hat, darum wirst du, Satan, hier nichts ausrichten, wenn du mir die Menge und Größe meiner Sünden so genau vorhältst, mich damit zu schrecken und in Verzweiflung zu stürzen. Denn eben mit dem, was du sagst, wie ich ein allzu großer Sünder sei, gibst du mir Waffen und Schwert in die Hand, womit ich dich gewaltig überwinden, und alle deine Streiche vernichten will. Denn, kannst du mir vorhalten, daß ich ein großer Sünder bin, und Gott schwer und hoch beleidiget habe, so kann ich dir hinwiederum sagen, daß Christus für die Sünder gestorben ist, ja der ganzen Welt Sünde, also auch die meinige, auf sich geladen hat; denn der Herr hat alle unsere Sünden und Ungerechtigkeit auf ihn gelegt, und um der Sünde willen, die sein Volk getan, hat er ihn geschlagen; wie geschrieben stehet bei dem Propheten Esaja im dreiundfünfzigsten Kapitel«.

Diese und andere Tröstungen mehr hielt der Geistliche dem Doktor Faust fleißig vor, mit Anführung anderer Sprüche mehr, aus dem Alten und Neuen Testament; sonderlich stellte er ihm die Exempel der verrufensten Sünder, welche doch auf ihre Reue wieder bei Gott zu Gnaden gekommen, beweglichst vor: wofür ihm denn Doktor Faust fleißig dankte, mit der Zusage, daß er dem allen wolle nachkommen, sich damit zu trösten; zugleich bat er, daß der Magister und die andern Herren öfters einkehren möchten, ihn zu trösten, wo es anders bei ihm noch möglich wäre.

Als Doktor Faustus also wiederum in seinem Herzen Trost gefunden, in Erwägung der treuherzigen Vermahnung aus Gottes Wort, legte er sich damit zur Ruhe nieder, und sein Famulus blieb bei ihm in der Kammer. Indem kommt der Teufel zu ihm vor das Bette, schlug gleich anfangs ein großes Gelächter auf und sagte mit lauter Stimme: »Mein Fauste, bist du einmal fromm geworden, ei, so beharre darauf, schaue nur zu, was deine Frömmigkeit dir helfen werde: Lieber, ziehe zu solcher deiner Frömmigkeit eine Mönchskappe an, und tue stets Buße, es wird dir wohl not sein; denn du hast es zu grob gemacht, und deiner Sünden sind mehr, als der Sandkörnlein am Meer. Lieber, wie magst du dich der Seligkeit trösten, der du aller Sünden, Büberei und Schalkheit voll bist? Willst dich trösten der Zuversicht auf Christum, so du doch jederzeit diesen gelästert hast: stelle gleich alle Zuversicht zu Gott, so wirst du dennoch verdammt, und fährst hinunter in die Hölle, das ist dein rechter Lohn, und warten bereits viel Teufel auf dich; wo bleibet deine Hoffnung auf Gott? du heuchelst dir selber und dichtest dir eine nichtige Hoffnung, während doch alles umsonst und vergebens ist; es wird nichts daraus, hoffe so lang du willst. Kannst du dich auch deiner guten Werke rühmen? links um, es ist zu spät mit deiner Buße. – Noch eines, Fauste, sage mir die Wahrheit, was gilt's, es ficht dich deine Seligkeit nicht so viel an, als wenn du bedenkest, daß du bald sterben mußt, und mußt die angenehme Wohnung der Welt verlassen, und mußt verlassen gute Freunde und Gesellen: sollte es dich nicht betrüben und bekümmern, daß du von hinnen scheiden sollst? Sage, ist dem nicht also?«

Doktor Faustus schwieg still und gab darauf keine Antwort, brachte die Nacht zu mit schwermütigen Gedanken, und als es Tag ward, befahl er seinem Famulus, daß er den Geistlichen wieder mit sich brächte, welcher denn bald mit noch zwei Studenten kam. Als ihm nun Doktor Faustus, nachdem sie Sitze genommen, angesagt, was der Teufel in der vergangenen Nacht für ein Gespräch mit ihm gehabt, antwortete der Geistliche: »Ja, es ist wahr, der Teufel kann solche Stücke hervorbringen, und will sich helfen. Wenn er denn wieder zu Euch kommt, so sprecht getrost: Hörest du, Satan, diese und jene Beschwerungen, meiner Seligkeit halber, hast du mir vorgehalten; ich bekenne, daß ich ein armer Sünder bin, daß ich ein schwer gefallener Sünder bin, aber die Barmherzigkeit Gottes, so er durch die Liebe seines Sohns über alle hat reichlich ausgeschüttet, ist weit größer. Gott hat nie einen Sünder verstoßen, der ernstliche Buße getan hat, auch in der Stunde seines Todes nicht, wie den Schächer am Kreuz. So hab' ich auch einen guten Herrn, einen solchen Richter, dem wohl abzubitten ist, einen getreuen

Fürsprecher Jesum Christum, den Seligmacher, der wird mich vertreten bei seinem himmlischen Vater. Und daß du mir die Verdammnis vorwirfst, das ist bei dir nichts Neues, das ist dein altes Liedlein, du bist ein Lästermaul und kein Richter, ein Verdammter und kein Verdammer. Du wirfst mir auch meine bösen Werke vor: das bekenne ich, daß nichts Gutes um und an mir ist, aber von meiner Ungerechtigkeit fliehe ich zu meinem Gerechtmacher Jesu Christo, ja zu seinem Gnadenthron; in seine Hände und Barmherzigkeit befehle ich meine Seele. Und darum, mein Herr Doktor Faust,« sagte endlich der Geistliche, »seid ohne Sorge, und wenn der Teufel mit Disputieren wieder an Euch will, so haltet ihm mit dem Wort Gottes diese Streiche auf.«

Doktor Faustus hatte nun etliche Tage lang Ruhe vor dem Teufel; einst aber zur Nachtzeit kam ihn in dem Bette eine Angst an, daß er nicht wußte, wo er bleiben sollte: es kamen ihm allerhand verzweifelte Gedanken in das Herz (ohne Zweifel aus Eingebung des bösen Geistes) als: »es wird doch damit nichts sein, daß Gott mir sollte barmherzig und gnädig werden, ich hab' es allzu grob gemacht mit meinen Sünden: Gott kann nicht gleiche Sünde vergeben, wie wir meinen, es ist zu spät mit meiner Buße und Bekehrung; komme ich zur Vergebung meiner Sünde und zur Gnade Gottes, so werden gewiß auch die Teufel selig, zumal ich ja nicht geringere Stücke getan, denn was die Teufel selbst tun: zudem so ist das Büßen ja nicht wohl möglich, weil ich Gott, meinen Schöpfer, hab' aufgegeben und alles himmlische Heer, denen habe ich abgesagt, dagegen mich versprochen, daß ich dem Teufel eigen sein wolle mit Leib und Seel'; dies ist nun eine Sünde gegen den heiligen Geist, die nimmermehr kann und mag vergeben werden; darum kann ich nicht glauben, daß ich bei Gott wieder zu Gnaden könne kommen.«

Mit solchen verzweifelten Gedanken schleppte er sich die ganze Nacht, und als er früh aufstand, schickte er zum drittenmal nach dem Geistlichen, meldete ihm, sobald er in die Stube getreten, die Ursache solches frühen Berufens und sprach: »Es ist mir leid, daß ich Euch, Herr Magister, so viel bemühe, denn ich besorge, daß keine Hilfe noch Rat bei mir wird statthaben, daß ich doch verdammt sein und bleiben werde.« Der Geistliche, von Herzen erschrocken, erinnerte ihn viel aus der Heiligen Schrift, legte ihm nochmals die Exempel derer vor die Augen, welche Gott, obgleich sie sich schon schwer versündiget, wieder zu Gnaden genommen: solche verzweifelte Gedanken, sagte er, wären lauter giftige Pfeile des leidigen Teufels; »solchergestalt hat er Euch gleichsam Tür und Tor zur Verzweiflung aufgetan; wo Ihr nun diesen unseligen Gedanken Raum gebet, so stehet die ewige Verdammnis und Hölle für Euch schon offen. Darum beileibe nicht also, verbannet vielmehr solche Gedanken aus Eurem Herzen und lasset solche bei Euch nicht einwurzeln, denn sie rühren vom Teufel her, der machet Euer Herz betrübt und ängstiget es, gleich als hättet Ihr einen unerbittlichen Gott. Demnach, wenn solche Gedanken bei Euch aufsteigen, als wolle sich Gott Euer nimmer erbarmen, so sprecht: Teufel siehe, kommst du abermal? Ich hab' forthin nichts mehr mit dir zu schaffen, denn Gott betrübet nicht, schrecket nicht, tötet nicht, sondern ist ein Gott der Lebendigen, hat auch seinen eingebornen Sohn in diese Welt gesandt, daß er die Sünder nicht schrecken, sondern trösten solle; auch ist Christus darum gestorben und wieder auferstanden, daß er des Teufels Werk zerstörete, ein Herr darüber würde und uns lebendig machte. Derohalben sollet Ihr in solcher Schwermut und Anfechtung einen Mut fassen und gedenken: ich bin forthin nicht mehr eines Menschen, viel weniger des Teufels, sondern Gottes Kind, durch den Glauben an Christum, in welches Namen ich mich meiner heiligen Taufe erinnere: ich hab' mir nicht Leib und Seele gegeben, sondern der allmächtige Schöpfer hat sie mir gegeben, darum hab' ich auch nicht Macht, mich des Bundes meiner heiligen Taufe zu verziehen. Auf diese tröstliche Erinnerung pochet, Herr Doktor, unverzagt; denket nicht zurück, was Ihr getan, sondern nehmet Euch vor, wie Ihr dem Teufel und seinem Eingeben möget kräftigen Widerstand tun mit dem Wort Gottes; und wenn Ihr zu Bette gehet, so sprecht: Ach, lieber Gott, ich bin freilich ein armer, großer Sünder und finde nichts denn Ungerechtigkeit bei mir; aber dein lieber Sohn hat mehr Gerechtigkeit mir und allen bußfertigen Sündern mitzuteilen, als wir alle von ihm nehmen und begehren können, um welches willen du, getreuer Gott und Vater, mir wollest gnädig und barmherzig sein, Amen!«

Doktor Faustus legte sich nun von der Zeit an ziemlich wider den Teufel; denn ihm ward von einem seiner guten Freunde, der ein großes Mitleiden mit ihm hatte, die heilige Bibel in die Hand gegeben, ja darin die vornehmsten Machtsprüche bemerkt, daß er sie bald aufschlagen und daraus Trost schöpfen möchte. Dieses nun war dem Teufel nicht angenehm, und weil er ihm nicht anders beikommen konnte, versuchte er ihn davon abwendig zu machen, kommt deswegen nach etlichen Tagen auf einen Abend zu ihm und spricht: »Es ist nicht zu leugnen, daß dein Herz jetzt anders gerichtet ist, als es je gewesen; es fehlet auch nicht weit, du möchtest die Barmherzigkeit Gottes und was sein Wille ist, ergreifen und zu solcher Erkenntnis kommen, aber eins fehlt dir noch sehr, dahin du nimmer denken wirst. Denn Gott hat Gute und Böse erschaffen, also bleibet es vom Anfang bis zum Ende der Welt; denn du bist nicht erwählet zur Seligkeit, sondern bist ein Stück vom bösen Baum, und wenn du gleich alle Tugend und Frömmigkeit dieser Welt an dir hättest, so bist du doch nicht zum ewigen Leben versehen. Dagegen die, so auserwählet sind, ob sie schon Sünde getan und also sterben, so sind sie doch gute Bäume und im Anfang zu dem ewigen Leben versehen. Denn Gott hat Gute mit den Bösen erschaffen, dabei lässet er's auch bleiben und nimmt sich der Menschen weiter nicht an, wie sie auch leben und sterben, bis zu dem allgemeinen Gerichte: wer denn zu dem ewigen Leben erkoren ist, der kommt darein, also ist es auch mit den Verdammten; darum ist es nichts mit deinem Vorhaben, daß du allererst um dich sehen willst, wie du möchtest in das ewige Leben kommen, so du doch von Anfang nicht dazu versehen bist.« Dieses war nun dem Doktor Faust eine seltsame Predigt und dachte solchem eine gute Weile nach, so daß er auch endlich sagte: »Es mag wahrlich wohl also sein, ich werde zu dem ewigen Leben nicht geboren sein, dieweil doch Firmament und Gestirn des Himmels ausweiset, was dem Menschen Gutes und Böses begegnen solle, und solche Exempel ereignen sich täglich, daraus geschlossen werden kann, wie Gott im Anfang sein Werk, alle Kreaturen, hat verordnet, daß solcher Lauf werde fortgehen bis an der Welt Ende. Nun ist der Mensch auch Gottes Kreatur, zum Bösen und Guten geneigt, wie ihn Gott dazu hat erschaffen, darüber ich jetzt nicht weiter reden will. Bin ich zum ewigen Leben versehen, so wird es sein müssen, wo nicht, so muß ich wohl, wie andere, dahinfahren.«

Als nun gleich des andern Tags, vielleicht aus Gottes Schickung, der Geistliche samt drei andern Studenten Doktor Faust besuchte, fand er denselben etwas freudiger in seinem Mut als früher, vermeinte demnach, der Trost aus dem Wort Gottes habe ein solches verursacht; allein er fand sich in seinem Wahn betrogen, da er vernahm, daß solches aus dem Gespräche, so der Teufel mit dem armseligen Faust von der ewigen Versehung gehalten, herrührte: daher der gute Geistliche wohl einsah, daß es fast mißlich sein würde mit dem Doktor Faust seiner Bekehrung halber, denn er gebe seiner Vernunft zu viel Raum und Statt, daß ihn daher der Teufel leichtlich gefangennehmen könnte. Darum sagte er, nachdem er Sitz genommen, zu Doktor Faust: Er sollte seine Vernunft in solchen hohen Artikeln der Versehung Gottes nicht urteilen lassen, sondern sie unter den Glauben gefangennehmen, und alles das aus seinem Sinne verbannen, was ihm der Teufel vorgeschwätzet habe. »Denn«, fährt er fort, »menschliche Vernunft und Natur kann Gott in seiner Majestät nicht begreifen, darum sollen wir nicht weiter suchen noch erforschen, was Gottes Wille in diesem sei. Sein Wort hat er uns gegeben, darin er reichlich geoffenbaret hat, was wir von ihm wissen, halten, glauben, und uns zu ihm versehen sollen, nach demselben sollen wir uns richten, so werden wir nicht irren; wer aber von Gottes Willen, Natur und Wesen Gedanken hat außer dem Wort, will mit menschlicher Vernunft und Wissenschaft aussinnen, der macht sich viel vergebliche Unruhe und Arbeit, und fehlet sehr weit. Denn die Welt, spricht St. Paulus, erkennet durch ihre Weisheit Gott nicht in seiner Weisheit, auch werden diese nimmermehr lernen noch erkennen, wie Gott gegen sie gesinnet sei, die sich darüber vergeblich bekümmern, ob sie versehen oder auserwählet seien. Welche in diese Gedanken geraten, denen gehet ein Feuer im Herzen an, das sie nicht löschen können, also daß ihr Gewissen nicht zufrieden wird, und müssen endlich verzweifeln. Wer nun diesem Unglück und ewiger Gefahr entgehen will, der halte sich an das Wort, so wird er finden, daß unser lieber Gott einen starken, festen Grund geleget, darauf wir sicher und gewiß fußen mögen, nämlich Jesum Christum, unsern Herrn, durch welchen allein und sonst durch kein anderes Mittel wir in das Himmelreich kommen und gelangen mögen: denn Er und sonst niemand ist der Weg, die Wahrheit und das Leben. Sollten wir nun Gott in seinem göttlichen Wesen, und wie er gegen uns gesinnet sei, recht und wahrhaftig erkennen, so muß es durch sein Wort geschehen; und eben darum hat Gott der Vater seinen eingebornen Sohn in die Welt gesandt, daß er sollte Mensch werden, allerdings uns gleich, doch ohne Sünde, unter uns zu wohnen, und des Vaters Herz und Willen uns zu offenbaren.«

Dieser Trost des Magisters, nachdem er mit den andern Abschied von Doktor Faust genommen, wollte ebensowenig bei dem Armen fruchten als die vorigen, und mit bekümmerten Gedanken legte er sich damals auf den Abend ungegessen und ungetrunken zu Bette. Er hatte zwar bei sich in der Kammer seinen getreuen Famulus, den Wagner, aber tausenderlei Gedanken betrübten seine Seele, die ihn denn sobald, ob er's schon wünschte, nicht einschlafen ließen, noch ihm Ruhe gönnten. »Ach,« sprach er ganz wehmütig, »du armseliger Mensch, du bist wohl mit allem Recht mit unter den Unseligen, da du alle Stunden den Tod erwarten mußt, da du doch noch viel gute Zeit und Stunden hättest erleben können! Ach, Vernunft, Mutwill, Vermessenheit und freier Will'! O, du Blinder und Unverständiger, der du deine Glieder, Leib und Seele so blind machest, blinder als blind! O, zeitliche Wollust, in was Verderben hast du mich geführt, daß du mir meine Augen so gar verdunkelt hast! Ach, schwaches Gemüt, betrübte Seele, wo ist, wo bleibet deine Erkenntnis? O verzweifelte Hoffnung, da deiner nimmermehr gedacht wird! Ach Leid über Leid, Jammer über Jammer, wer wird mich daraus erlösen? wo soll ich mich verbergen? wohin soll ich mich verkriechen oder fliehen? Ja, ja, ich sei gleich, wo ich wolle, so bin ich gefangen.«

In solchen bekümmerten Herzensgedanken und Klagen hatte Doktor Faustus doch die Gnade, daß er einschlummerte und endlich recht einschlief; er schlief aber nicht so gar lange, als er von einem bösen Traum beunruhiget und wieder aus dem Schlaf gebracht wurde. Es träumte ihm, als sähe er in seine Kammer einhertreten mehr denn tausend böse Geister, welche sämtlich feurige Schwerter in den Händen hatten und ihn zu schlagen droheten, unter denen aber einer als der Vornehmste sich hervortat und mit erschrecklicher Stimme zu ihm sprach: »Nun, Fauste, sind wir bereit, dich einmal an den Ort zu bringen, von welchem du oft mehrere Wissenschaft zu haben verlangt hast, wir aber haben solches bis anher versparen wollen. Nun wirst du selber sehen, was für ein mächtiger, großer Unterschied sein wird unter den Verdammten und den Auserwählten, welches dir etwa vor diesem ist gleich einer Fabel und einem Märlein gewesen.« Doktor Faust erwachte darob zu Stund' und grämte sich heftig ob diesem Gesicht, denn er konnte sich leicht die Rechnung machen, was des Traumes Bedeutung sein werde.

Indessen vermehrte sein herannahendes elendes Ende von Stund' zu Stunde seine Herzensbangigkeit, daß er ganz still und einsam blieb, und war ihm nichts lieber als solche Einsamkeit, so, daß er auch nicht mehr zugeben wollte, daß der Magister mit den andern Studenten, die alle ein herzliches Mitleiden mit ihm hatten und aufs wenigste seine Seele zu erhalten suchten, zu ihm kommen und ihn trösten sollten: und ob er schon zu unterschiedlichen Malen Trostsprüche aus dem Alten und Neuen Testament, welche der Geistliche vor etlichen Tagen ihm bemerkt hatte, aufschlug, so konnte er sich doch damit nicht trösten, noch daraus ein einiges Wörtlein sich zu Herzen führen, sich damit zu stärken; sondern, wenn ihm gleich ein Blick eines Trostspruchs vorleuchtete, so sagte er denn bei ihm selbst: »Ach, ach! das gehet mich nicht an.« Nun begegnete ihm auch etlichemal, weil er sich in die Einsamkeit so sehr vertieft, voller Schwermut und Herzensbangigkeit war, auch keines Trostes fähig werden konnte, daß er nach Messern griff, sich damit zu entleiben; allein der Teufel ließ es nicht zu, und wenn Doktor Faust den Selbstmord ins Werk richten wollte, so war er an den Händen gleich als lahm, daß er nichts ausrichten konnte: und war ihm also in solch seiner Einsamkeit wie einem Übeltäter oder Mörder, der in dem Gefängnis alle Stunden und Augenblicke erwarten muß, wann und zu welcher Zeit er seiner Übeltat Endurteil ausstehen solle.

Doktor Faustus hatte nur noch zehen Tage zu seinem erschrecklichen Ende, weswegen er an einem Morgen seinen Famulus, weil er bisher andere Gesellschaft nicht leiden mochte, zu sich vor sein Bett berief, gleich als wenn er nur von ihm Trost und Erquickung haben könnte, und ganz zaghaft und erschrocken zu ihm sprach: »Ach, lieber Sohn, was hab' ich mir bereitet, daß ich so roh gelebt und mein gottloses Leben bisher also geführet habe! Was habe ich jetzt davon? ich bringe nicht allein einen bösen Namen davon, sondern auch einen nagenden Wurm und böses Gewissen; ach! ich sollte zeitlicher an das Ende, an mein Ende gedacht haben! und wenn ich an solches gedenke, das nun nicht mehr ferne ist, so überlauft meinen Leib ein eiskalter Schweiß, ein Zittern und Zagen meines Herzens ist da, und wenn ich nun bald davon muß, und mein Leib und Seele den Teufeln zuteil werden, so sehe ich alsdann vor mir das strenge Gericht Gottes, ich weiß nicht, wo ich aus oder ein soll: es wäre mir tausendmal besser, daß ich als ein unvernünftiges Tier wäre geboren worden, oder doch in meiner zarten Kindheit gestorben! Nun aber, ach, nun ist's aus, Leib und Seele die fahren dahin, wohin sie geordnet sind.«

Auf solches Wehklagen und Seufzen sprach sein Famulus, den seines Herrn jammerte: »Ach, Herr Doktor, warum seid Ihr doch fort und fort so schwermütig und kränket Euer Herz stets? schaffet Euch einmal Ruhe, tut dem Satan Widerstand, denn dieser peiniget und martert Euch also: ich will's nicht mehr zugeben, daß Ihr so allein seid, sondern Ihr müsset entweder Leute um Euch haben, daß Ihr Euch mit ihnen ergötzet, und sie Euch die melancholischen Gedanken vertreiben, oder Ihr müsset den Magister wieder zu Euch berufen, damit Ihr völligen Trost bekommet. Denn es ist ja kein Sünder so groß, er kann durch seinen Widerruf, herzliche Reue, Bekehrung und Buße zur Gnade Gottes kommen und gelangen.« Doktor Faustus antwortete: »Mein lieber Christoph, schweige nur, ich bin nicht wert, daß gute, ehrliche Leute mehr zu mir kommen sollen, ich, der ich ein Leibeigener des Teufels bin; so will ich auch von keinem Trost aus der Schrift mehr hören noch wissen, sintemal es doch damit alles vergebens und verloren ist, mich zu bekehren; ich will mein Leben vollends mit Trauern, Seufzen und Wehklagen zubringen.«

Das Stundenglas hatte sich nunmehr umgewendet, war ausgelaufen; die bestimmten vierundzwanzig Jahre Doktor Fausts oder die Endschaft seiner Verschreibung war nun am nächsten: deswegen erschien ihm der Teufel abermal, und zwar in eben dieser Gestalt, wie er damals den verdammlichen Bund mit ihm aufgerichtet hatte, zeigte ihm seine Handschrift, darin er ihm mit seinem eigenen Blut seinen Leib und Seele verschrieben hatte, mit der Weisung, daß er auf folgende Nacht sein verschriebenes Unterpfand holen und ihn hinwegführen wollte, dessen er sich denn gänzlich versehen sollte: darauf der Teufel verschwand.

Wie dem Doktor Faust hierüber müsse zumut gewesen sein, läßt sich leichtlich denken; es kam das Bereuen, Zittern, Zagen und seines Herzens Bangigkeit mit aller Macht an ihn, er wandte sich hin und wider, klagte sich selbst an ohne Unterlaß, wegen seines abscheulichen und greulichen Falls, weinte, zappelte, focht, schrie und grämete sich die ganze Nacht über. In solchem erbärmlichen Zustand erschien ihm sein bisheriger Hausgeist Mephistopheles zur Mitternachtszeit, sprach ihm freundlich zu, tröstete ihn und sprach: »Mein Fauste, sei doch nicht so kleinmütig, daß du von hinnen fahren mußt, gedenke doch, ob du gleich deinen Leib verlierest, ist's doch noch lang dahin, daß du vor dem Gericht Gottes erscheinen wirst; du mußt doch ohne das sterben, es sei über kurz oder über lang, obschon du etliche hundert Jahr, so es möglich wäre, lebtest, und ob du schon als ein Verdammter stirbst, so bist du es doch nicht allein, bist auch der erste nicht; gedenke an die Heiden, Türken und alle Gottlosen, die in gleicher Verdammnis mit dir sind und zu dir kommen werden. Sei beherzt und unverzagt, denke doch an die Verheißung unsers Obersten, der dir versprochen hat, daß du nicht leiden sollest in der Hölle, wie die andern Verdammten.« Mit solchen und andern Worten wollte der Geist ihn beherzt machen und ihn etwas aufrichten.

Da nun Doktor Faustus sah, daß dem ja nicht anders sein konnte, und daß der Teufel sicher sein Unterpfand nicht würde dahinten lassen, sondern auf die folgende Nacht es gewiß holen, stehet er frühmorgens auf, spaziert etwas vor die Stadt hinaus und nach Verfluß von etwa anderthalb Stunden, nachdem er wieder nach Haus gekommen, befiehlt er seinem Famulus, daß er die Studenten, ehedessen seine vertrauten Freunde, noch einmal zu ihm in das Haus berufen sollte, er hätte ihnen etwas Notwendiges anzukünden.

Weil nun diese vermeinten, Doktor Faust würde sich vollends bekehren, nahmen sie den Magister mit sich. Als sie aber angekommen, bat er sie, daß sie sich doch sämtlich wollten gefallen lassen, mit ihm noch einmal in das Dorf Riemlich zu spazieren, denn daselbst wolle er sich mit ihnen lustig erzeigen, welches er etliche Zeit bisher unterlassen hätte. Der Geistliche verließ auf diese Worte die Behausung des Doktors, denn es hatte ihn ein Schauder bei seiner Rede ergriffen. Die Studenten aber waren dessen zufrieden und spazierten miteinander dahin, hatten unterwegs allerlei Gespräche, und nachdem sie daselbst angelanget, ließ Doktor Faust ein gutes Mahl zurichten und stellte sich auf das möglichste mit ihnen fröhlich, daß sie also beisammen recht lustig waren bis auf den Abend, da sie alle, ausgenommen Faustus, wieder nach Hause gedachten. Doktor Faustus aber bat sie gar freundlich, daß sie doch wollten nur dieses einzige Mal die Nacht über in dem Wirtshaus bei ihm verharren, es wäre doch schon die Zeit zur Heimkunft zu spät, er müsse ihnen nach dem Nachtessen etwas besonders vorhalten. Welches sie denn, weil es doch nicht anders sein können, ihm zusagten.

Als nun das Nachtmahl und der Schlaftrunk vorbei waren, bezahlte Doktor Faustus den Wirt und bat die Gäste, sie sollten ein kleines mit ihm in die nächste Stube gehen, er hätte ihnen etwas Wichtiges zu sagen, welches er bisher hätte verborgen gehalten, das betreffe sein Heil und seine Seligkeit; mit solcher Vorrede, ohne ferneren Umschweif, fing er an und sprach: »Wohlgelehrte, ihr meine liebe, vertraute Herren! daß ich euch heute morgen durch meinen Famulus habe ersuchen lassen, einen Spaziergang hieher zu machen, und ihr mit einer schlechten Mittag-Mahlzeit vorlieb genommen, auch auf mein Anhalten bei mir als auf die Nacht anjetzo verharret, dafür sage ich schuldigen Dank; wisset aber zugleich, daß es um keiner andern Ursache willen geschehen, als euch zu verkündigen, daß ich mich von meiner Jugend an, während ich von Gott mit einem guten Verstand bin begabt gewesen, jedoch mit solcher Gabe nicht zufrieden war, sondern viel höher steigen und über andere hinauskommen wollte, mit allem Fleiß und Ernst auf die Schwarzkunst gelegt, in welcher ich mit der Zeit so hoch bin gekommen, daß ich einen unter den allergelehrtesten Geistern, namens Mephistopheles, erlangt: jedoch solche Vermessenheit geriet mir bald zum Bösen und zu einem solchen Fall, wie er dem Luzifer selber widerfahren, da er aus Hoffart aus dem Himmel verstoßen worden. Denn als der Satan mir willig in allem meinem Vorhaben war, setzte er zuletzt mir zu, daß, so ich würde einen Bund mit ihm aufrichten und mich mit meinem eigenen Blut verschreiben, ich, nach Verfluß von vierundzwanzig Jahren, sein wollte sein mit Leib und Seele, dazu Gott, der heiligen Dreifaltigkeit und allem himmlischen Heer absagen, denselben nimmermehr in Nöten und Anliegen anrufen, auch alle diejenigen anfeinden, so mich von meinem Vorhaben abwendig machen und bekehren wollten: daß ich alsdenn nicht allein mit hohen trefflichen Künsten begabt sein, sondern auch Geister um und neben mir haben, die mich in aller Gefährlichkeit schützen und meinen Widerwärtigen zuwider sein sollten; dazu, und welches eben das meiste war, das, was ich auch in diesem Leben verlangte, Geld, gutes Essen und Trinken und tägliches Wohlleben, das sollte mir nimmermehr mangeln, ja, er wollte mich so hoch ergötzen nach allen meines Herzens Begierden, daß ich das Ewige nicht für Zeitliche nehmen würde. Mit solchen übergroßen Verheißungen erfüllte er mir das Herz, daß ich bei mir gedachte: ›dieses Freudenleben ist gleichwohl nicht zu verwerfen, obschon der Bund gottlos und verdammlich ist; so darf ich auch den Satan nicht länger aufhalten, denn sonst möchte ich um all meine Kunst kommen, und er möchte von mir weichen: dazu so bin ich vorhin geneigt zum müßigen Leben; Fressen, Saufen und Spielen ist meine Lust, allein die Mittel dazu hab' ich nicht, allhie könnte ich alles ohne Mühe überkommen. Käme es denn einmal dahin, daß der Teufel sein Unterpfand holen und haben wollte, müßte ich's wohl geschehen lassen, ich würde doch über die bestimmte Zeit nicht viel länger leben können; zudem so kann noch wohl die Zeit kommen, dachte ich, daß ich mich möchte bekehren, Buße tun, und also die Barmherzigkeit Gottes ergreifen.‹ Da denn ohne Zweifel der Teufel nicht wird gefeiert haben, sondern mich regieret und getrieben, daß ich also den Bund mit ihm aufgerichtet, Gott und der heiligen Dreifaltigkeit abgesaget, und mich ihm mit Leib und Seele verschrieben habe.

Es hat aber der Teufel, wie ich's bekennen muß, anfänglich mir eine geraume Zeit Glauben gehalten, mir alles dasjenige erfüllt und geleistet, was mein Herz begehret hat; doch aber hat er zuweilen gefehlt und mich in etlichen Sachen stecken lassen, mit Vorwänden, ich sollte selbst durch meine Kunst mich fortbringen; und da ich mich darüber beklagte, so hat er nur das Gespött damit getrieben: bin also aus Vermessenheit und Wollust in solchen Jammer geraten, zum ewigen Schaden meiner armen Seele, daraus mir nimmermehr kann geholfen werden. Nun aber sind solche Jahre auf diese

Nacht aus und verlaufen; da wird denn der Teufel sein Unterpfand holen und mit mir ganz erschrecklich umgehen; das alles will ich doch gerne ausstehen, wenn nur die Seele erhalten würde. Ich bitte euch nun, günstige, liebe Herren, ihr wollet nach meinem Tod alle diejenigen, so mich geliebet und wegen meiner Kunst im Wert gehalten haben, freundlich grüßen und von meinetwegen ihnen viel Gutes wünschen: was ich auch diese vierundzwanzig Jahr über für Abenteuer getrieben, und meine anderen Geschichten, die werdet ihr in meiner Behausung aufgeschrieben finden, und mein Famulus soll sie euch nicht vorenthalten. Ihr wollet euch anjetzt miteinander zur Ruhe begeben, sicher schlafen, und euch nichts anfechten lassen, auch, so ihr ein Gepolter und ungestümes Wesen im Haus hören und vernehmen werdet, wollet ihr euch darob nicht entsetzen, noch euch fürchten, denn euch soll kein Leid widerfahren, wollet auch vom Bette nicht aufstehen; allein dieses möchte ich zu guter Letzt von euch erbeten haben, daß, so ihr meinen Leib findet, ihr solchen zur Erde bestatten lasset. Gehabt euch ewig wohl, ihr Herren, und nehmet ein Exempel an meinem Verderben. Gute Nacht, es muß geschieden sein!« – Auf solches Lebewohl traten die Gäste, einer nach dem andern zu Doktor Faust, hatten ein herzliches Mitleiden und sprachen mit erschrockenen Herzen: »Herr Doktor, hiermit wünschen wir Euch auch eine gute Nacht, und zwar eine bessere, als Ihr vermeinet; wir bitten sämtlich nochmals: Ihr wollet Eures Heils und Eurer Seelen Wohlfahrt bei jetziger letzten Zeit wahrnehmen; und weil Ihr nicht anders glaubet, denn der Teufel werde diese Nacht Euren Leib hinwegnehmen, so rufet den Heiligen Geist um Beistand an, damit er Eure Seele möge regieren und zu einem unzweifelhaften Glauben an Christum bringen: diesem befehlet alsdann, wenn es je nicht anders wird sein können, Euren Geist in seine barmherzige Hände mit reuigem Herzen, sprecht mit dem König David: Ich harre des Herrn, meine Seele harret, und ich hoffe auf sein Wort, denn bei dem Herrn ist die Gnade, und viel Erlösung ist bei ihm.« Darauf sagte Doktor Faustus ganz weinend: »Ach, liebe Herren, ich will in meinem Herzen seufzen und ächzen, ob etwa mich Verlornen Gott wieder möchte zu Gnaden aufnehmen; aber ich besorge leider, daß nichts daraus werden dürfte, denn meiner Sünden sind zuviel.« Unter solchen Reden sank er gleich einem Ohnmächtigen hin auf die nächste Bank, darüber sie alle erschraken und sich bemüheten ihn aufzurichten. In solchem Schrecken hörten sie im Haus ein großes Poltern, darob sie sich noch mehr entsetzten und zueinander sprachen: »Laßt uns von dannen weichen, damit uns nicht etwas Arges widerfahre, lasset uns zu Bette gehen;« wie sie denn auch solches taten. Da sie nun dahin gegangen waren, konnte keiner aus Furcht und Entsetzen einschlafen; zudem, so wollten sie doch vernehmen, was es für einen Ausgang mit dem Doktor Faust nehmen würde.

Als nun die Mitternachtsstunde erschienen, da erhob sich plötzlich ein großer, ungestümer Wind, der riß und tobte, als ob er das Haus zu Grund stoßen wollte. Wem war nun ängster und bänger als den Studenten? Sie wünschten zehn Meilen von da zu sein und sprangen aus den Betten mit großer Furcht, da sie denn kurz darauf in der Stube, in welcher Doktor Faustus liegen geblieben, ein greuliches Zischen und Pfeifen, als ob lauter Schlangen und Nattern zugegen wären, vernommen: noch mehr aber wurden sie bestürzt, da sie das Stoßen und Herumwerfen in der Stube hörten, den armseligen Faust Zeter Mordio schreien, bald aber nichts mehr. Und es verging der Wind und legte sich und ward alles wieder ganz still. Kaum hatte es recht getaget und das Tageslicht in alle Gemächer des Hauses geleuchtet, da waren die Studenten auf, gingen miteinander ganz erschrocken in die Stube, um zu sehen, wo Doktor Faustus wäre, und was es für eine Bewandtnis diese Nacht über mit ihm gehabt hätte. Sie kamen aber kaum dahin, so sahen sie bei Eröffnung der Stube, daß die Wände, Tisch und Stühle voll Blutes waren; ja sie sahen mit Erstaunen, daß das Hirn Doktor Fausts an den Wänden anklebte, die Zähne lagen auf dem Boden; und also mußten sie augenscheinlich abnehmen, wie ihn der Teufel von einer Wand zu der andern müsse geschleudert und daran zerschmettert haben. Den Körper suchten sie allenthalben im Hause, fanden ihn zuletzt außerhalb des Hauses auf einem nahe gelegenen Misthaufen liegen, er war aber ganz abscheulich anzusehen: denn es war kein Glied an dem Leichnam ganz, alles schlotterte und war ab; der Kopf war mitten voneinander, und das Hirn war ausgeschüttet. Sie trugen also den Leichnam in aller Stille in das Haus und beratschlagten sich, was ferner anzufangen sei.

Als die Studenten des Doktor Fausts Leichnam gefunden und beiseits gelegt hatten, gingen sie zu Rat, wie es nun anzugreifen wäre, daß seiner letzten Bitte ein Genügen getan und sein Leichnam zur Erde möchte bestattet werden, und beschlossen zuletzt: daß sie dem Wirt ein Geschenk machen wollten, damit er schwiege und mit ihnen übereinstimmte, daß Doktor Faustus eines schnellen Todes wäre verstorben. Demnach näheten sie mit Beihilfe des Wirts den zerstümmelten Leichnam in ein Leintuch ein und meldeten dem Pfarrherrn des Orts, wie sie einem fremden Studenten hätten das Geleite gegeben, welchen diese Nacht ein schneller Schlagfluß getroffen, der ihn auf der Stelle seines Lebens beraubt; sie baten den Herrn Pfarrer, er wolle es bei dem Schultheißen anbringen und um die Erlaubnis bitten, solchen allhier zu begraben, sie wollten alle Unkosten auslegen; wie sie denn auch dem Pfarrherrn einen Goldgulden gaben, die Sache zu befördern, weil sie sich allda nicht lang aufzuhalten hätten. Dieses wurde denn auch am selbigen Nachmittag ins Werk gesetzt. Es hat aber der Wind damals, als man den Leichnam begrub, sich so ungestüm erzeigt, als ob er alles zu Boden reißen wollte, da doch weder vor noch nach dergleichen verspüret worden. Woraus denn die Studenten schließen mochten, welch ein verzweifeltes Ende Doktor Faust müsse genommen haben.

Aber auch, nachdem Doktor Faustus tot und begraben war, hatte seine arme Seele auf Erden noch keine Ruhe. Sein Geist regete sich, erschien zum öfteren seinem Diener Christoph Wagner und hielt mancherlei Gespräche mit ihm. Zu demselben kam auch Justus Faustus, des Doktor Faust und der schönen Helena Sohn, der selbst ein bildschöner Mensch war, der sprach ganz freundlich zu dem Famulus: »Nun, ich gesegne dich, lieber Diener, ich fahre dahin, weil mein Vater tot ist; so hat meine Mutter auch hie keines Bleibens mehr, sie will auch davon; darum so sei du Erbe an meiner Statt, und wenn du die Kunst meines Vaters hast recht ergriffen, so mache dich von hinnen, halte die Kunst in Ehren; du wirst dadurch ein hohes Ansehen überkommen.« Als er solches geredet, trat auch die schöne Helena herein, nahm ihren Sohn bei der Hand, und beide verschwanden also vor des Wagners Augen, der nicht wußte, was er dazu sagen sollte; so daß man sie hernach nimmer gesehen hat. Die Nachbarn aber gewahrten den Geist des Doktor Faustus bei Nacht oftmals in seiner Behausung im Fenster liegend, sonderlich wenn der Mond schien. Da ging er in dem Hause herum, ganz leibhaftig, in Gestalt und Kleidung, wie er auf Erden gegangen war. Denn Doktor Faustus war ein höckeriges Männchen, von dürrer Gestalt und hatte ein kleines, graues Bärtlein. Zuzeiten fing sein Geist im Hause ganz ungestüm an zu poltern, was viele Nachbarn mit erschrockenem Herzen hörten. Sein Famulus Wagner aber beschwor den Geist und verhalf ihm auf Erden zu seiner Ruhe. Und ist es jetzt in diesem Hause ganz friedlich und still.

Anm. des Herausg.: Eine andere Fassung der Faustsage findet sich im zweiten Teil von: Aurbachers »Volksbüchlein«. Univ.-Bibl. Nr. 1291/92.

CPSIA information can be obtained
at www.ICGtesting.com
Printed in the USA
LVHW030245040223
738616LV00006B/1051